ちくま文庫

酒場學校の日々

フムフム・グビグビ・たまに文學

金井真紀

筑摩書房

もくじ

第一章　一年生の見聞録　9

第二章　水曜日のスケッチ　73

第三章　昔の男ども　109

第四章　禮子さんの恋　187

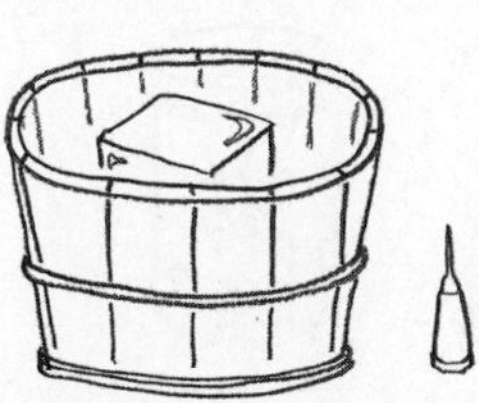

Peace

酒場學校の日々　フムフム・グビグビ・たまに文學

第一章　一年生の見聞録

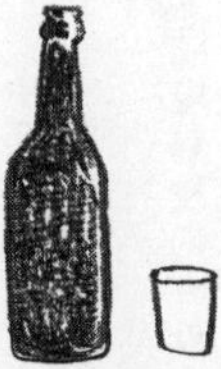

かかってきた電話の相手が禮子《れいこ》さんかどうかは近くにいたらすぐわかる、らしい。禮子さんとしゃべるとき、わたしの顔はだらしなくにやけ、声のトーンは跳ね上がり、言葉遣いはぶりっ子になる。恥ずかしいくらい露骨、らしい。

「あんたと禮子さんは、前世で飼い犬と飼い主の関係だったのではないか」

と友人は言う。たしかに大好きな飼い主の顔を見ると、ちぎれるほど尻尾を振るのが止められない犬に似ている。

あぁだけど。禮子さんも

「あたし、真紀ちゃんに会うと、あったかい気持ちになるの」

なんて言ってくれて、あながちわたしの片思いでもないのである。酒場學校のカウンターを挟んで、禮子さんとふたりきりで更けていく晩、

「あたし、ほんとうにいい人生だった。だからもういつ死んでもいいの」

なんて言われると、胸がきゅんとなる。

わたしだっていつ死んでもいい人生よ、禮子さん。あら、真紀ちゃんはもっと生きないと。これからたくさんのお人と出会って、恋もたくさんしなきゃ。

ばっぷくばっぷく、と大人になるまで

學校という名の酒場にたどり着いて、そこで半世紀近くママをしている禮子さんに会ったのは二〇〇八年のことだった。たまたま目にした新聞記事に、新宿ゴールデン街にあるその店が紹介されていた。かつて詩人の草野心平が開いた店が、場所を変えていまも営業を続けているというのだ。

ぬ、草野心平。捨て置けぬ。わたしにとって草野心平は、その名を思い浮かべるとなんとなく嬉しくなる存在だった。

最初に心平さんを知ったのは、中学の国語の授業で配られた副読本だったと思う。当時のわたしは、あらゆる教科で落ちこぼれていたが、国語の教科書と副読本だけは配られたらすぐに全部読むタイプだった。とくに詩と短歌と俳句が一冊にまとまっている水色っぽい表紙の副読本は気に入っていて、卒業してもしばらくは大切にとっておいたように思う。

女学生が好みそうな中原中也や宮澤賢治には目もくれず、いちばん惹かれたのは心平さんの詩だった。多くのそれには、蛙が出てきた。

さむいね。
ああさむいね。
虫がないてるね。
ああ虫がないてるね。
もうすぐ土の中だね。
土の中はいやだね。
（以下略）

という、冬眠前の二匹の蛙の他愛ないやりとりからなる「秋の夜の会話」。
　地球さま。
永いことお世話さまでした。

さやうならで御座います。
ありがたう御座いました。
さやうならで御座います。

さやうなら。

というたった六行の詩「婆さん蛙ミミミの挨拶」。
なんだこれ。いいなぁ、わかりやすいなぁ。中也や賢治みたいに気取ってないなぁ。
なかでも中学生のわたしを喜ばせたのは「ばっぷくどん」という詩だった。

ばっぷくどん

ばっぷくどんがうたたねの眼を覚ますと。

毛脛がある。
見ると物凄い大人物だ。
ばっぷくどんは観念した。
ただ一撃を待つだけである。
燈台の灯が闇をつらぬく勢いで。
ばっぷくどんの眼はらんらん。
今生の見納めに右と左の景色をみた。
悲しく波うつエーテルなど。
気がつかなかった色んなものが。
初めて見える。
しまった。おれの人生は。
と。
思った次の瞬間。
大人物はいつの間にかいなくなってた。
きらめく光。

ぬくい雲。
ばっぷくどんの平べったい頭をやさしい風がなぜてとおる。
ばっぷくどんは生れてはじめて平和というものの実体を知ったかのように。
ああ。せいせいする。
するなあ。
といった。
ばっぷく。ばっぷく。
ばっぷくどんの両眼に海の碧と雲とが映る。

註・五島列島では蛙のことをばっぷくどんという由。

冒頭の二行も好きだし、詩の末尾に置かれた「五島列島では」という添え書きも好きだった。とりわけ「ああ。せいせいする。するなあ。」の気持ちよさといったら。「ばっぷくどん」というユーモラスな呼び名を知って、そこから発想してこの詩を書いただろう心平さんの、にんまり顔が目に浮かぶ。

以来、「ばっぷく。ばっぷく。」はわたしのなかで、声に出して読みたい日本語のナンバーワンの座を譲らずにいる。「ばっぷく。ばっぷく。」とつぶやいて、人生をやり過ごしてきた。

とくに国語が好きだったわけではないが、ほかの科目はもっと遠い存在だったので、大学では日本文学科に入った。そして卒業論文では心平さんの詩をテーマに選んだ。卒論で思い出すのは「冬眠」という詩だ。

冬眠

●

本文は黒い丸だけ、という前衛的な詩。この黒丸はなんなのか。わたしは卒論のなかで、「これは、冬眠している蛙が穴の底から見上げた全宇宙だ」という独自の解釈を開陳した。小さな黒丸が全宇宙だなんて、なかなか洒落た解釈だぜ、と悦に入っていた。と、卒論の口頭試問で、ひとりの老教授がこう言ったのだ。

「僕は、この黒丸は子宮じゃないかと思う」

子宮！　なんか、ブンガクっぽい！　とわたしは衝撃を受けた。その教授は、小柄で頭が禿《は》げ上がっていて、一限の授業には必ず遅刻してくるいいかげんな先生だった。「源氏物語」の大家で、そこはかとない色気をまとっておられた。むかしオノ・ヨーコとつきあっていた、なんていう噂もあった。こちらは恋の妙味も知らぬ小娘でブンガクなんてわかろうはずもなかったが、わたしが大学の文学部に在籍していちばんブンガクに近づいた瞬間は、老教授の口から「子宮」という言葉を聞いたときだった気がする。

そんなわけで、わたしにとって心平さんは、会ったこともないのに親しい気持ちを抱く詩人だった。詩だけではとても食べていけず、飲食店をやって糊口をしのいでいたことも知っていた。人生の最終盤に営んでいたのが學校というバーだったことも。

その店がまだ残っていたとは！　新聞記事によれば、心平さんが開いた初代の學校は新宿御苑にあったが、一九八八年に心平さんが亡くなって一度は「閉校」した。だがのちに、新宿ゴールデン街でふたたび営業をはじめた。切り盛りしているママは、心平さんがいた時代から店を手伝っていた人だとか。きっと心平さんのことをいろいろ知っているに違いない。会ってみたい、はなしを聞いてみたい、とわたしは興奮し、その記事を切り抜いた。

知らない酒場にひとりで行くのは気後れする。誰かを誘って行こう。はじめちらりとそう考えたが、心のどこかではわかっていた。知らない土地、知らない風景こそひとりで見に行くべきなのだ。すると必ず、なにかが起こる。

酔うほどに禮子さんの声はやわらかい

記事を見てから三か月ほど経った秋の終わり。当時わたしはフリーランスでテレビ番組をつくる仕事をしていて、行き先や終業時間は日によって違った。その日、原宿で仕事が終わった。闇が迫る線路脇の道を歩きながら、「よし、決行日は今日だ」と小さな神の啓示が降りてきたことをよく憶えている。

意気揚々と新宿駅で降り立ち……ハタと足を止める。あれ？　ゴールデン街ってどこにあるんだっけ？　当時のわたしはゴールデン街の正確な場所すら知らなかった。なにが神の啓示だか。地図を調べて、やっとたどりついた。

路地が何本も並んでいて、そこに小さな飲み屋がごちゃごちゃとへばりついている。のちに全体像を知ってしまえば、たった五十メートル四方の小さな空間なのだけど、一度迷い込んだら戻ってこられない迷宮の気配に緊張が高まる。路地を一本ずつ歩いて目的の店を探しているあいだに犯罪にでも巻き込まれたらたいへんだ。入口に掲げられた案内図でお店の場所を確認すると、一目散に向かった。

店の前には「酒場學校」と渋い筆文字で書かれた看板が灯っていた。おぉ、あったあった……と近づいて、またハタと足が止まる。店のドアに「会員制」という札が貼ってあるではないか。一瞬、迷った。が、ここまできたのだから、この「会員制」には気づかなかったことにして、扉を開けるだけ開けてみよう。

エイッと開けたら、そこは狭くて薄暗い空間だった。先客がふたり。じっくり観察する余裕はなく、わたしは硬い声で

「こんばんは」

と言った。カウンターの向こうにいたママが

「いらっしゃい」

空いている席を示す。黒いビニールレザー張りのスツール。

「なにを召し上がる?」

と尋ねられ、さてなにを頼もう、と見回してもメニューもなく値段もわからない。

「あの、ビールください」

小さな声でそう言うのが精いっぱい。お通しに、甘辛く煮たしらたきと鶏肉を卵と

じにして柚子の皮を添えたものが出た。

このママが、記事に載っていた井上禮子さんか。セーターから伸びた細い腕。白髪をうしろで小さく結ったヘアスタイルがモダンな感じ。そのとき七十六歳だったと思う。こちらを詮索するようなことは一切言わない。

じつを言うと、その場面でわたしの意識を占めていたのは禮子さんでもお通しでもなかった。思った以上に席数が少ない。ぜんぶで五席、うち空いている椅子はふたつだけ。きっと常連さんの座る場所が決まっているのだろう。いまにも誰かがやってきて「自分の席」に座っているわたしを見とがめてムッとするのではないか。ここはとにかく早く飲んで早く帰らなければ、と小心にそればかり思って、サッポロビールの大瓶を急いで消費した。

と、そこへ清水さんがやってきた。のちに清水さんは笑いながら何度も言った。

「あそこで俺に会ったのが、真紀の運の尽きだよなぁ」

と。いやいやいや、運の尽きどころか。

清水さんの太い指がゆで卵をむく

清水さんはスーツにネクタイ、五十代後半のおじさんで、わたしに目を留めると少し驚いた顔をした。常連中の常連である清水さんはほぼすべての學校のお客さんを知っているので、見慣れない顔を見て、おや、と思ったのだろう。くぐもった声で
「初めて？」

「ひとりできたの？」

などと話しかけてくれる。

そのときまで、「草野心平の詩が好きなんです」なんてミーハーな発言はするまいと決めていた。心平さんがつくった店にきている人は、みな心平ファンに決まっている。もしかしたら、みな詩人かもしれぬ。安易な知ったかぶりは恥ずかしい。でも、清水さんの質問に答えるうちにおずおずと言った。

「昔、卒論で草野心平さんを……」

すると清水さんと禮子さんは顔を見合わせて
「まぁ、珍しい」

「へぇ、心平さんが好きなの」

と喜んでくれた。もう最近は、心平さんが開いた店であることを知って學校にくる人はほとんどいないという。心平さんが世を去ってから、二十年以上経っていた。

「心平さんは……すてきでしたよ。ダメもいっぱいある人でしたけど、でもだからこそ魅力的だったのね。周りにも、おもしろい男どもがいっぱいいましてね。昔は男が男に惚れる、なんてことがありましたけど、いまはもうそういうことは少ないわねぇ」

禮子さんの話す速度は、速すぎず、遅すぎず。酔いがまわった耳に心地よく響く。わたしは自然に顔がほころぶのを抑えきれずに、黙ってはなしを聞いていた。あぁ、このはなしが聞けただけで、今日勇気を出してここへきた甲斐があったなぁ。

清水さんも、じっと禮子さんのはなしに耳を傾けながら、「昔の男ども」の風景を思い出している様子。一時間ほどそうして飲んで、清水さんが言った。

「もう一軒、連れて行きたい店がある」

近所の、やはり五十年近く続いているバーへ誘ってくれた。こういう展開こそ、ひとり旅の醍醐味。旅じゃないけど、でも旅みたい。

わたしは初対面のおじさんと仲良くなるのはわりと得意だ。そういうときの相手はおおむね、誰とでも気安く話せるタイプのおじさんである。うちにも娘がいるよ、という場合もある。もちろん下心がある場合も。でも、あとからだんだんわかってくるのだが、清水さんはむしろ人見知りで、口下手で、女の人が相手ならなおさら尻込みする質《たち》なのだった。妻も娘ももったことはないらしい。だからこそ、あの晩よくぞわたしに声をかけてくれたと思うのだ。心平さんのお導きだろうか。

北海道のなかでも北の、流氷が接岸する音が聞こえる街の生まれ。高校生の頃、雑誌のペンフレンド募集欄で知り合った東京の女の子と文通をしていた。ギターを弾いて、自作の歌をテープに吹き込んだ。太宰も三島も読んだけど、心酔したのは吉本隆明と高橋和巳……。

清水さんが濃い毛の生えた太い指で焼酎グラスを持ちながら語るはなしは、どれもあまりに純なので、なんとなくくすぐったい。きっと一九六〇年代の東北にも九州にも、清水さんのような少年がいたのだろう。その人たちはみな目尻にしわの寄ったおじさんになって、どこかの酒場でこんなふうに話しているのだろうか。人生は後戻りせずに進んでいく。

文学とフォークソングを愛した少年は、上京して四十年、いま東京で会社を経営している。週末は家でひとりゴルフ中継を見る。マラソンがあるときはマラソンを見る。政治家の討論番組は録画して見る。「ラジオ深夜便」も気に入っている。好きなものはゆで卵。

二十代で出入りし始めた酒場學校との縁は、すでに三十年を超えている。本人は詳細を語らないのだが、清水さんはお店の帳簿の管理や大家さんとのやりとり、組合の手続きなど、細かいことまで學校の面倒をみているようだった。いつだったか「學校は、俺が東京にいる存在証明だから」と言っていた。もちろん、事務処理が苦手な禮子さんのためだろうけれど、もしかしたらそれ以上に自分のために、學校を大事にしているのかもしれない。

ヒヨコが最初に出会ったものを親だと認識する刷り込み現象とどこか似ていて、清水さんとわたしの友情は、親鳥とヒヨコのようなふしぎな味をしている。

最初の日に誘ってくれた文壇バーを皮切りに、その後も現在にいたるまでずっと、清水さんは「句会があるけど」「シャンソンを聴かないか」「知ってる寿司屋があって」「従兄弟と山へ行くんだが」と、いろんなことに誘ってくれる。それはもう単純に、「なんでも経験させてやりたい親心」なのだ。自身も若い頃、酒場に出入りして知り合った先輩たちに、人生の大事なことをたくさん教わったとか。その恩を、次の世代に返そうという使命感のようでもある。

わたしはわたしで、うまくいった仕事のことや、人に褒《ほ》められたはなし、家族や親友の自慢など、いい大人が手放しで話すとげんなりされそうな話題でも、清水さんになら素直に披露できるのだった。まるで外であった嬉しいことを、胸を張ってお母さんに報告する子どもみたいに。

すてきな男たちは何度でもよみがえる

そうしてわたしはその冬、一、二週間に一度の割合で學校に通うようになった。清水さんがいるときもあったし、ほかのお客さんがにぎやかなこともあった。とっくに三十を過ぎていたわたしも學校ではほんの小娘だ。大半のお客さんは六十代から八十代。わたしのことを、いま現在、心平さんの卒論を書いている大学生だと早合点する人もいた。照明は暗い。みんな老眼。おまけに酔っているのだから、美しい勘違いも仕方がない。

わくわくするのは、ほかにお客さんがいなくて禮子さんとふたりきりで話し込む晩だった。「心平さん」はもちろん、禮子さんのはなしには「檀さんがね」「太郎が」「まこちゃんは」と昔のかっこいい男たちがたびたび登場する。わたしはいつもうっとりとそれを聞いた。若かりし日の禮子さんが、草野心平に、檀一雄や山本太郎や辻まことに、「レイちゃん」と可愛がられていた姿が目に浮かぶ。好き嫌いがはっきりしていて、頭がよくて、少し気取っていて、でも図々しいところがまったくない禮子さんはいまもどこか少女のようだが、当時はどんな感じだったのだろう。

禮子さんが學校を手伝うようになったのは二十八歳のときらしい。秋田県小坂の鉱山主の養女として育ったお嬢さんが、新宿で水商売をすることになった背景には、それなりの顚末があるようだ。

「ま、あなたには追々、そのへんのはなしも聞いてもらうことになるでしょう」

なんて禮子さんは思わせぶりに言うのである。長いおつきあいになりそう、という予感に浮かれて、ふたりでビールの大瓶を三本も四本も空けていく。

「今夜はもう、ふたりで飲みましょう。看板消しちゃおう」

禮子さんのはしゃいだ声に促されて、わたしはいそいそと看板の灯を消しにいくのだった。

禮子さん曰く。
「あたし、死んだら地獄がいいな。
天国に行っても、知ってる人 誰もいないもん。
心平さんも天国に行くはずないし」

純子さんの剛気、栄子さんの自在

ゴールデン街には、もともと學校のお客さんだった人が始めた店が二軒ある。ひとつは六十代の純子さんがやっている「メガンテ」、もうひとつは五十代の栄子さんが開いた「蛾王」。常連さんたちは學校から派生したこの二軒のことを、冗談めかして「分校」「予備校」と呼び習わしていた。客もママどうしも互いに行き来して、なんとなく姉妹店のような雰囲気。わたしも早速、分校にも予備校にも出入りするようになった。最初はもちろん清水さんが連れていってくれた。その後ひとりで、数え切れないほど通った。禮子さんに惹かれたという意味で、純子さんと栄子さんはわたしの先輩である。

純子さんの店はカウンターのほかにテーブル席もあり、最大で十人くらい入れる広さ。客がこない夜は煙草の煙をプハーッと吐きながら「どうせ、うちの店は嫌われてるんだ」ってひがむくせに、客席が全部埋まるほど混むとたちまちパニックになり、「あぁ、もう、対応できん」と機嫌が悪くなるから、純子さんはややこしい。

かつてバイクを乗り回しており、事故で何度か足を骨折したらしい。そのせいか、スカートを穿いているところは見たことがない。髪は、アップにしていたと思ったら、突然ベリーショートにしてみたり、それを色づいたイチョウの葉っぱのようなカラーで染めてみたり、気分次第でどんどん変遷していく。

客商売のくせに愛想笑いができず、酔うほどに口が悪くなる。「お前、うるさい。静かにしろ」なんて怒鳴るのは序の口で、「ケチな野郎だ」「糞くらえ」「豚の屁」……（あるとき、純子さんが気に入らない相手に「豚の屁！」と叫んだら、その場にいた禮子さんが顔色ひとつ変えず、「あら、あなた、そんなこと言ったら豚に気の毒よ」と冷静かつ上品にたしなめていた）。

酔うとやや面倒くさい純子さんだが、少女みたいに恥ずかしがりで、青年みたいにまっすぐなところがある。

その夜、客はわたしだけだった。ふたりでカウンターを挟んであれこれとおしゃべりしながら飲み続けて数時間経過。世界情勢から反戦のはなしになった。純子さんは熱っぽく語る。

「あたし、ガンジーの非暴力主義ってすごいと思うのよ。世界中の人がそれを貫いたら戦争なんかなくなるはずよ」

うんうん、と聞いていると

「真紀ちゃん、あたし、非暴力主義のためなら鉄砲玉にだってなるわ」

と高らかに宣言した。非暴力主義のために鉄砲玉になる……これを超える名言はなかなかない。

ある夜、またふたりだけで飲んでいるとき

「あたしはねぇ、禮子って女がめっちゃ好きなの。でも禮子さんはあたしのことをそんなに好きじゃないんだ」

なんてしゃがれた声でブツブツ言い出した。

「そんなことないでしょう」

となだめても

「うるさい。自分がいちばんわかってる」

聞く耳をもたず、

「だってさ、めっちゃ恥ずかしいんだけど」

と頬を染めながら語るはなしが秀逸だ。

「昔、あたし、禮子さんにこう言ったのよ。『禮子さん、五段階評価で言うと、あたしのことどのくらい好き?』って。こっちはもちろん最高に好きだから『五』って答えてくれると思うじゃない。そしたら禮子さん、ちょっと考えて、すました顔して、『ええと、四かしらね』って言ったのよ」

「ぶはははは!」

大爆笑したら純子さんに「こら、あんた、笑いすぎ」って睨まれたけど、わたしはこのはなしが大好きだ。五段階評価でどのくらい好き? なんて言い出す純子さんの面倒くさくて暑苦しい愛がたまらない。そこですまして「四かしら」と答える禮子さんがまた禮子さんらしくて、とてもいい。

一方、「蛾王」を切り盛りしている栄子さんは、ひねくれたところがぜんぜんない。どんなお客さんでもそのままを受け入れる。それとまったく同じ素直さで、迷惑な客にはきっぱりと入店を断る。だから栄子さんの店はいつもいろんなタイプの人間がやってきて、みな、くつろいでいる。革命家、芸術家、老人、若者、同性愛者、異性愛者、外国人……。

おしゃれなフエルト帽をかぶっている晩があるかと思うと、真っ白な割烹着の日もあり、古い歌謡曲を口ずさんでいるときもあれば、映画音楽に身をゆだねて踊りながら焼酎の蕎麦茶割りをつくってくれることもある。その自由で気負いがないたたずまいは、奥飛騨の山育ちのせいかもしれない。悠然と滑空するオオタカのようでもあり、無邪気に飛び回るギフチョウのようでもあり。

禮子さんはつねづね

「あたしが死んだら、真っ先に栄子くんに連絡してね」

と言っていて、その気持ちはとてもよく理解できる。栄子さんなら死にまつわるすべてを、その醜さや恐ろしさも含めてニュートラルに受け止めてくれるだろう。

うっとりと夜は更け、そして事件が起きた

二〇〇九年三月十六日。その夜、わたしは有頂天《うちょうてん》だった。栄子さんの店「蛾王」で夜半過ぎまで飲んだ。左右に、それぞれ自分の店を閉めてきた禮子さんと純子さん。ほかに客はいない。三ママそろい踏み、そこに自分が混ぜてもらっている幸せ。年齢も出自も異なる女四人でとりとめのないおしゃべりをして、笑い合った。

そのうち、店のスピーカーからシャンソンが流れてきた。禮子さんがフランス語で口ずさむ。栄子さんが踊り出す。純子さんはじっと目をつぶって煙草をくゆらしている。ここはパリか？　モンマルトルか？　なんなのだ、この味の濃い空間は。

うっとりと夜は更けて、宴が果てた。当時、曙橋に住んでいた禮子さんといっしょにタクシーで帰途につく。

「おうちの前まで送ります」

と言ったけど、

「いつもこの大通りで降りているから大丈夫」

と禮子さん。

「では、おやすみなさい」

と手を握り合って別れた。わたしはにやにやしながら帰宅し、布団に入った。あぁ、こんなにいい晩は人生に何度もない！

三日後の夕方、清水さんから電話がきた。わたしの体内にはまだ、あの晩の余韻があり、浮かれた声で「もしもし」と出たと思う。すると、清水さんがいつも以上にくぐもった声で話し出したのである。あの晩、わたしを乗せたタクシーが走り去った直後、禮子さんが道端で転んだこと。翌日から起き上がれず、店も休んでいること。ひかない痛みをいぶかしんで今日やっと病院に行ったら、股関節の骨が折れていたこと。なんと。わたしがにやにやと眠りについた頃、いや、それからいままでずっと、禮子さんは痛い思いをしていたのだ。浮かれていた自分が馬鹿に思えた。

二か月の入院加療が必要だという。

「そのあいだ學校をどうするか、常連のみんなで話し合おうと思って招集をかけた。

今夜、真紀もこられないか」

と清水さん。気もそぞろに仕事を終わらせて店に駆けつける。通い慣れた小径《こみち》に、あかりの消えた學校の看板がひっそりとあった。もう、それだけで元気が出ない。看板の灯とはそういうものなのだ、ということを初めて知った。

扉を開けると、見知った顔が何人か集まっていた。

「あぁ、わたし、どうして禮子さんを家の前まで送ってあげなかったんだろう」

「それを言っても仕方ないよ」

「いま大事なのは店をどうするかだ」

「二か月かぁ、長いなぁ」

「ま、飲みながら話そうか」

「そうだな、酒は売るほどある」

「じゃ、ビール出しましょうか」

學校では「最下級生」なのだから、当然わたしが動く。冷蔵庫から瓶ビールを取り出し、食器棚からグラスを出してカウンターに並べ、栓抜きを探した。常連さんたちは、そうしたわたしの行動をじーっと目で追っていた。沈黙。ビールを注ぐ音。そして、清水さんが言った。

「真紀、代わりに店をやらないか」

待っていたのは、禮子さんの入院中、私がピンチヒッターとして學校のママになるという予想外の展開だった。翌日、禮子さんのお見舞いに行った。病院のベッドに横たわった禮子さんは、わたしの顔を見るなり、

「あぁ、真紀ちゃん。あなたにとんでもない負担をかけることになってしまって」

と涙ぐんだ。いつもアップにしている髪が枕に広がって、こんなときに不適切だが、なんとも美しいのだった。

「こんなことを言うとあなたがますます負担に思うといけないけれど……でもやっぱり心平さんがあなたを遣わせてくれたとしか思えないのよ」

アイスピックを握ると店内に緊張が走る

翌週から、毎晩六時より十一時まで學校を開けることになった。最初、昼間の仕事仲間には黙っていた。そのうち夕方からの打ち合わせをサボる理由が必要になって告げた。親しい友人たちはおもしろがって飲みにきてくれ、差し入れをもってきてくれ、のみならず皿洗いを手伝ってくれもした。

「校長先生」である禮子さんがいないあいだ、わたしは「代用教員」、ほぼ毎晩顔を出してくれる清水さんは「教頭先生」ということになる。清水さん本人は「俺は用務員のおじさんだよ」と言い張ったけれど。たしかに、割り箸が不足していないか、氷屋さんへの支払いは滞っていないか、こまめにチェックしてくれるところは用務員のおじさんのようだった。ほとんどしゃべらずに焼酎の水割りを何杯もおかわりしながら、半人前のママの夜がつつがなく過ぎていくのを見守ってくれる姿は、用心棒のようでもあった。

まだまだ知らないお客さんも多かったので、ノートに似顔絵を描いて名前をおぼえた。ついでに酔っぱらいたちが交わすおもしろい会話も書き留める。本のはなし、映画のはなし、政治、歴史、それから駄洒落《だじゃれ》、と古い歌。

大半はわくわくしながら書き留めるのだが、ときにカウンターの内側にいることに疲れてノートを開く場面もあった。なんとなく間がもたない空気が漂うとき、客席に熱気が充満しているとき、ノートを開けばそこにはA4サイズの窓があり、ちょっとだけ自分の世界に逃げ込むことができるのだった。

常連さんたちはいつも以上に顔を出してくれて、不慣れなママをひやひやと見守った。わたしがアイスピックを持つと、店内に緊張が走る。

「あれ、なんでみんなシーンとしてるんですか」

「真紀ちゃん、血染めの氷は勘弁だぞ」

「あはは、気をつけます」

やがて花園神社の境内の桜が咲いて、散って、葉桜になり、わたしもお客さんたちも少しずつ慣れていった。

医学校で山田風太郎と同期だった眼科の先生。
酔うとドイツ語の歌が出る。
「ローレライ」・「冬の旅」……。
「ヨーロッパへ行かれた
ことは？」
「ついに行かなかった。
吉原へは三度行ったがね」
売春防止法施行（昭和三十三年）以前に
赤線へ行った人に初めて会った。

酒は景気よくたっぷり注げ、という教え

わたしが店に立つようになった日を境に、學校の肴《さかな》は突然簡素になった。きゅうりと味噌、しらすと大根おろし、がんばってポテトサラダ。あぁ、こんなことなら料理の腕を磨いておくんだった。

そもそも心平さんは、酒の肴をつくる天才だったと聞く。詩を書くだけでは家族を養うことができず、焼き鳥屋の屋台を引いたり居酒屋を開いたり、生涯にわたって飲食業で糊口をしのいだ。それはつまり、いかに安い材料を仕入れいかに貧しい酒飲みが喜ぶ肴に変身させるか、を研究する仕事でもあった。

「心平さんの作品で好きなものをひとつ選べ」と言われたら、迷った挙げ句に、詩ではなく「火の車のメニュー」と答えるかもしれない。居酒屋「火の車」は、一九五〇年代に心平さんがやっていた店。言わば學校の前身だ。そのメニューを挙げると、

心平さん、ふだんは気が短いが
料理となると気が長かった。
鶏皮をゆっくり
炒って、出て
きた脂を捨てて、
カリカリになったら
醤油で味付け
する肴が
絶品だった。

昭和27年3月
居酒屋「火の車」の
カウンターに立つ草野心平

満月（卵の黄身の味噌漬け）
冬（豚のにこごり）
白夜（キャベツとベーコンが入った牛乳ベースのスープ）
どろんこ（かつおの塩辛。柚子とパセリ）
五月（きゅうり、うど、玉ねぎの和え物、カレー味）
丸と角（カルパスとチーズ）
赤と黒（品川巻き）
ぴい（ピーナツ）
天（特級酒）
耳（一級酒）
鬼（焼酎）
麦（ビール）
泉（ハイボール）
息（サイダー）

あぁ、いいなぁ。日常の言葉たちが素顔のまま並んでいて、なのにこの豊穣。學校初期の頃は、これら火の車時代のメニューを出すこともあったらしい。もっとも、禮子さんに言わせると「満月なんか、いまの人の口には合わないわねぇ」。

禮子さんが用意する肴の定番は、しらたきと玉ねぎと鶏肉を甘辛く炊いて卵でとじた「親子煮」、手羽先と里芋とこんにゃくを酒と醬油で炊いたもの、卵と練り物のおでん。そういうものを鍋にいっぱいつくっておいて、やってきた客ひとりひとりに、お母さんみたいに聞くのだ。

「お腹は？」

空腹の客にはたっぷりとよそってくれる。禮子さんはハイカラ好みなところもあって、中村屋のアグレッツィや、伊勢丹のクリームチーズなんかも常備していた。桃の節句には潮汁をつくり、土用の丑の日には「おうな」を出し、冬至にはかぼちゃを炊く。あるとき、

「季節の行事を大事にするのは、心平さんの時代からなんですか」

と尋ねたら

「心平さんは、そんなことはあまり気にしなかったわねぇ」

という返事だった。郡山の商家で生まれた禮子さんは、十歳のときに秋田で鉱山経営をしていた養父母のところへもらわれていった。そこが季節ごとのしきたりをきちんとする家だったらしい。

心平さんと禮子さんがこだわりの肴を出してきた歴史をまるで無視して、わたしが供するのはきゅうりと味噌である。お客さんたちはさぞがっかりしただろう。

ときどき、メガンテの純子さんが焼豚をお裾分けしてくれた。「あんた、學校は安い店なんだから、焼豚は薄ーく切って出しなさいね」と言いながら。

心平さんが新宿御苑に開いた初代學校は、天井裏をネズミが走り回って、トイレの扉が閉まらないボロ家だったという。そんなことは一向に気にしない貧乏文士たちが毎夜、安い酒でしたたかに酔った。ゴールデン街に移ったあとも、學校の客単価はおそらく界隈でいちばん安い。高級な酒は置いていない。それでいて禮子さんは、「ウイスキーの水割り」を注文されたらやたらと濃いのをつくるし、「焼酎をロックで」と言われたらグラスの縁までなみなみと注ぐ。

「酒場にきたんだから、酔わなきゃあだめよ」

が口癖。それを思い出して、わたしも酒はドボドボと景気よく注ぐことにする。酒肴はパッとしないが、とりあえず酒の濃さだけは伝統を守ろう。

高野長英、後藤新平、
斎藤実はごく近所の出身。
西郷隆盛、大久保利通、
東郷平八郎も同じ町内だ。

「どうしたわけだろう」

「情報は狭いところに集まるの」

「ゴールデン街で飲んでいる
ようなもんか」

もじゃもじゃは今夜ももじゃもじゃ語で歌う

常連さんの「登校」の頻度が高くなっていたあの頃、もじゃもじゃも週に二度か三度は顔を出してくれた。背が高く、頭のてっぺんが禿げていて、その周りに白髪がもじゃもじゃと広がっている。いつもにこにこと機嫌よく店に入ってきて

「ビール」

と言う。そこまではわかるのだけど、そのあと続けて発する言葉がよく聞き取れない。

「え？」

聞き返すと、またなにか言うのだけれど、やっぱりわからない。もじゃもじゃの後輩で、つきあいの長い及川さんは、ある程度ヒヤリングができるのだけど、及川さんがいないと誰も聞き取れないのだった。そのうち本人も「しょうがないなぁ」というように苦笑して、もうなにかを言葉で伝えるのをあきらめてにこにこ飲んでいる。

もじゃもじゃ、六十代半ば、職業は装丁家。學校歴は三十年を優に超すというから、清水さんよりも古株だ。いつも長い脚をジーパンに包んで、煙草と定期券が入った小さなポシェットをたすき掛けにしている。言葉が不明瞭で、込み入った会話は大の苦手。携帯電話はもたない主義。好きなものは碁と将棋。ミモザの木。貝の刺身。アート・ブレイキー。それからお酒。と、女の人。昼間のことは知らないが、夜、酒場で会うとつねに機嫌がいい。自らが饒舌になることはけっしてないけれど、周りの会話に耳を傾けて、ちょうどいい間合いで

「いいね!」

と言う。知っているメロディが流れると、フフフーンと嬉しそうに鼻を鳴らす。好きな人がいると、にこにこ顔がもっとにこにこになる。苦手な人がくると、笑いながらすっと逃げる。飽きたらふわりと席を立つ。界隈ではしご酒をして、気が向いたらまたふわりと戻ってくる。

わたしが禮子さんの代わりの人間だということはすぐにおぼえて、毎回にっこりと

笑いかけてくれる。そして、言う。

「……なにちゃん？」

それはつまり名前を尋ねているのだと気がつくまでにしばし間を要する。毎度繰り返されるうちに
「真紀です」

と答えられるようになる。

「うん。真紀ちゃん。おぼえた」

と言いながら、なかなかおぼえない。

五月十二日、ちょうど心平さんの誕生日だった。

冷蔵庫から瓶ビールを取り出したとき、手を滑らせて床に落としてしまった。床はコンクリートのうちっぱなし。ガッシャーンと大きな音が響き渡って、一面に琥珀色の液体と瓶の破片が飛び散った。わわわ、どうしよう。立ち尽くす一瞬のあいだに、もじゃもじゃはわたしの足元にすっとしゃがみ込み、さっさと破片を拾い始めた。

「あっ、わたしが」

と言いかけると、笑顔でそれを制する。「危ないから、俺に任せなさい」と言葉には出さないのに、言いたいことがちゃんと伝わるのがすごい。もじゃもじゃは鼻歌フンフンののんきな雰囲気を崩さないまま、大きな手を意外なほど素早く動かして後始末をしてくれるのだった。小さな破片まできれいに取り去って、雑巾に床のビールを吸わせる。そうしてわたしの顔を見て、ヒヒヒと笑いながらなにかつぶやいた。よくよく聞くと、こうである。

「今日は……心平さんの誕生日……だから床にも……飲ませてやらないと……」

その途切れ途切れに言葉をつなぐ感じも、ビールを一本無駄にしてしまったことをかわいい考え方で解釈してくれるセンスも、じんわりと効いた。

しばらくするともじゃもじゃは、閉店後に界隈の店に連れていってくれるようになった。「もし都合がよかったら、これから別の店でいっしょに飲まないか」なんてまどろっこしい誘い方はしない。もじゃもじゃの誘い文句はただひとこと

「行こう！」

わたしも

「はい！」

なぜか言葉数が少ないのが伝染している。

もじゃもじゃと飲み歩くのは、せわしない。蝶のようにひらひらと好きな店に入っていき、嬉しそうに一杯飲み、またひらひらと去っていくという行動パターンで、一軒の滞在時間はせいぜい十五分。行く先々で

「お、また新しい女を連れてるな」

なんて声がかかるところをみると、いつもいろんな女の人を連れて飲み歩いているらしい。行きつけの店は五、六軒あり、そこのママやマスター、アルバイトの子、酔っぱらい客はみんな

「俺の……友だち」

ということになる。わたしのことは

「學校の……真紀ちゃん」

と紹介してくれる。「……」のあとにちゃんと「真紀ちゃん」が出るとホッとする。

五回に一回くらいは

「學校の…………………」

でつっかえるので、「真紀です」と自分から名乗る。

店から店へ移動するときも、もじゃもじゃの動きは自由自在。早足でぐんぐん歩く、と思ったら急に立ち止まって横切る猫を眺める。花園神社の横道にお気に入りの木が一本あって、その木の脇を通るときは、幹に耳をくっつけて内側の音を聞く。背の高い、禿《は》げた、子どものようだ。もじゃもじゃのリズムに合わせて歩くと、自分まで子どものような心持ちになる。

「あ」

見上げると、もじゃもじゃもじゃした髪の毛の向こうにお月様。

「お」

と指差すと、もじゃもじゃも振り返って
と言う。

「雨、あがりましたね」

とつぶやくと、気持ちよさそうに笑って
「清志郎」

ヒトコトだけ言う。ん？　と少し考えて、あぁ忌野清志郎の歌「雨あがりの夜空に」のことを言ってるんだなとわかる。会話として成立しているかいないか、ギリギリの線である。

阿部さんは陰気な風を連れてくる

年をとった男は、「いい顔の人」と「いい顔じゃない人」のふたつに分類される。だいたい五十歳を過ぎたら差がはっきりしてくるというのがわたしの見立て。それより若い男は、惑わせる要素が多い。胸板が厚かったり、むずかしそうな本を読んでいたり、ジョークの切れがよかったり。それらが目くらましとなって、「いい顔か否か」の判定が狂うことがある。って、わたしが未熟なだけか。とにかく五十歳を過ぎたら、もう顔で勝負だ。

學校に出入りするようになって、それを実感した。なるほど人生が顔に出るとはこういうことか、とわかった気になっていた頃、阿部さんがやってきた。この人、応用問題なのでした。

阿部さんが扉を開けて入ってくると、店内に陰気な空気が流れる。やや猫背の痩身に地味なコットンシャツとスラックス、使い込んだ黒い布鞄を持っている。カウンターに手をついて前傾姿勢になりながら、ニコリともせずに言う。

「ワインをくれ」

顔色は悪く、意地悪そうな、ゆがんだ顔。迷わず「いい顔じゃない」ほうに分類。七十代半ば、東大出身。宇宙工学だか流体力学だかの専門家で、いまでもしょっちゅう海外に出かけているエリートらしい。

阿部さんがスツールに腰を落ち着かせると、お客さんたちの会話はおずおずと再開される。が、それは数分前のものとは明らかに違っている。下手なことを言うと阿部さんが嚙み付いてくるのを、みんな知っているのだ。他人の会話にかぶせて、鋭く言う。

「それは違う」

「ぜんぜんわかってない」

「はなしにならない」

……しーん。いつもの學校のくつろいだ空気はすっかり影をひそめてしまう。なんだ、この感じの悪いジジイは！

清水さんがたしなめるようなことを言うと、阿部さんはすぐに逆上する。どうやら清水さんとの相性はあまりよくない模様。それを察して、わたしはさらにオタオタする。

ただし阿部さんは、わたしに向かって意地悪を言うことはない。最大限の愛想のつもりなのだろうか、

「婆さんの具合はどうだ」

などと語りかけてくる。最初「婆さん」って誰のことかと思ったら、禮子さんをそう呼んでいるのである。婆さんじゃないもん、と心のなかで抵抗しつつ、わたしは爽やかに答える。

「お蔭様で、順調に回復しているみたいです」

「そう」

阿部さんは一瞬、顔をゆがめる。それが笑顔だとわかるまでに少し時間がかかる。まるで笑いを禁じられた国の住人が、久しぶりに地上に降りてきて一生懸命笑っているよう。

ときには
「あなたもワインを飲みなさい」

と開けたばかりのワインを勧めてくれることもある。

「いただきます！」

ことさら元気よく返事をすると、阿部さんの顔がまたほんの少しゆがむ。が、口にするのは
「こんな安いワイン、たいしたことない」

ふん、安いワインで悪かったな。阿部さんはワイン通なのだった。いや、ワイン通とかそういうことは、この際どうでもいい。優しいのか意地悪なのか。人と接したいのか拒みたいのか。このわかりにくさは、なんなのだ！

阿部さんは正統派のインテリだ。専門は理系だが、芸術のことも経済のことも万遍なく知っている。酔ってくると万葉集を諳《そら》んじたり、「アポリネールは……」なんて蘊蓄《うんちく》を垂れる。とここまで書いて、思いいたる。あぁ、そうか。阿部さんは學校にふさわしい話題を選んでいたのだ。禮子さんや學校のお客さんたちが喜ぶような、文学

の香りがする話題を意識的に持ち出していたに違いない。
それなのに、ほかのお客さんが
「さすが、詳しいですなぁ」
などと受ければ
「こんなこと、誰でも知ってる」
と、にべもない。まったくもう、どうやって育てたらこんなひねくれ者ができるんだろうか。他人が馬鹿に見えて仕方がない、という阿部さんの態度にうんざりすると同時に、この人はなんでわざと嫌われるようなことばかり言うのだろうと逆に興味もわいてくるのだった。
お客さんのなかには、阿部さんの姿を見ただけで
「じゃ、私はこのへんで」
とわかりやすく席を立って帰ってしまう人もいる。阿部さんがいないときに
「あの人、嫌い」
とハッキリ言う人もいた。

この界隈の酒場のママは、客に媚びないのが流儀だと聞く。ほかのお客さんの迷惑になる人に対しては、「静かになさい」とか、ときには「お代はいらないからもう帰って」などと厳しく接する。それでこそ酒場の平和は守られ、長く大事にされる店になるのだ。いま、わたしにそれが求められている？　でも、なんて言えばいい？　禮子さんならどう対処するんだろう？

もやもやもやもや。次第に阿部さんがくるのが重くなってきた。しかし、いつだってもやもやは、なにかに気づく前触れだ。阿部さんの登場はわたしに、なにかに気づけと告げていた。

そして何回目かに阿部さんがやってきたとき、ついにわたしは気づいた！　お客さんのなかに阿部さんを避けない人がひとりだけいることに。それが及川さんだった。

黒ぶち眼鏡の奥にいつも、及川さんの安寧

及川さんは当時、四十代後半で、それは學校の常連さんのなかでは群を抜いた若手ということになる。職業はグラフィックデザイナー。十五、六年前から、仕事の先輩であるもじゃもじゃに連れられて學校に出入りするようになったという。
臨時ママとしてカウンターのなかに入る前から、學校で及川さんを見かけることは何度かあった。穏やかな丸顔に黒ぶち眼鏡をかけて、いつも黒っぽいジャケット姿。ひとりでやってきて、静かに飲み、静かに帰っていく。自分のはなしを持ち出すことはほとんどなく、いつも周囲の会話に丁寧に相づちを打っている。目立つこと、話題の中心になることは得意ではないらしかった。
禮子さんの入院中の學校をどうしようかと話し合った晩も、黙ってみんなの会話に耳を傾けていた。そしておそらくは清水さんに
「真紀が代わりに店を開けるあいだ、及川もできるだけ顔を出してくれ」

と頼まれたのだろう。普段は週一回ペースで學校にくる及川さんが、三日と空けずに通ってくれた。とくに、あらかじめ清水さんがこられないとわかっている晩は、遅くなっても必ず寄ってくれる。

「及川さん、今夜、無理してきてくれたんでしょう」

と聞くと
「俺は飲むことしかできないから」

なんて言葉少なに笑うのだった。

　さて、ひねくれジジイ阿部さんの件。及川さんは、阿部さんがどんな態度をとっても、店の雰囲気が険悪になっても、たったひとり穏やかな立ち位置を崩さなかった。たしなめるでもなく、おもねるでもなく、静かに受け入れて普通の会話をちゃんとする。

　知らないはなしには
「あぁ、知らなかった」

とつぶやく。嫌味が微塵もない。知っていることには

「それ、聞いたことあります」

と応じ、しかしそれ以上話題を奪うようなことはせず、じっとはなしの続きを待っている。そこには、阿部さんに対するさりげなくも根源的なリスペクトがあるのだった。及川さんとやりとりしていると、阿部さんの表情はだんだん穏やかになっていく。及川さん、すごい。ただの物静かな人じゃなかったんだ。人は、とりわけ男は、主導権争いをする生き物だ。そのなかにあって、及川さんは独特の光を放っていた。

それから気をつけて見ていると、なるほど、學校へやってくるお客さんのほとんどは及川さんのことが好きみたいなのだ。みんな及川さんの姿を認めると、なんとなくホッとしている。店に入ってくるなり

「今日、オイちゃんきた？」

と尋ねる人もいた。

存在感がなくて、ある。これまで及川さんのすばらしさを見過ごしていたとは、とんだ不覚であった。阿部さんがいなければ、ずっと気づかないままだったかもしれない。あぁ、ありがとう阿部さん！

自分のはなしはほとんどしない及川さんだが、ごく親しいお客さんだけになった晩、どういう流れだったか、子どもの頃にお母さんを病気で亡くしたはなしをしてくれたことがあった。

「母親が死んだらこの世が終わるんじゃないかと思ったけど、亡くなった翌日も、世のなかは変わらずにあった」

小学生だった及川さんが直面した、お母さんがいなくなるという恐怖。すでに何十年も経って、育てのお母さんはいまもお元気で、だから本人は淡々としている。それが却って、ずん、ときた。ちなみに及川さんは、人が「亡くなった」も酒が「無くなった」も、「なくなった」というときに最初の「な」にアクセントをおく。故郷・岩手の訛だろうか。

元々は同じ職場にいたもじゃもじゃと及川さんは、お互いを特別に思っていて、でも馴れ合わない。風来坊の兄ちゃんとしっかり者の弟のよう。示し合わせて飲みにくるわけではないからすれ違うことも多いが、タイミングが合ってふたりが揃うとなんともいい風情なのだった。

及川さんが仕事中にカッターで手の甲を怪我して、しばらく包帯を巻いていた時期があった。それを見たもじゃもじゃは
「及川くん……手、どした」

と心配そうに尋ねる。

「いや、ちょっとカッターでやっちゃいまして」

照れくさそうに答える及川さん。しかしお互い酔っている。その会話をおぼえていないのである。また数日後、ふたりは學校で顔を合わせると
「及川くん……手、どした」

「いや、ちょっとカッターでやっちゃいまして」

という会話を大まじめに繰り返す。わたしは毎回にやにやしながらそれを聞いていた。もじゃもじゃのシンプルな優しさと、及川さんの面映ゆそうな気配が、學校の古びたカウンターをひたひたと覆う。

油揚げをフライパンで焼いた夜

はなしはふたたび阿部さんに戻る。及川さん不在の晩に阿部さんがやってくると、やっぱり意地悪な態度で、みんなも緊張するし、わたしはひやひやさせられるのだった。よく

「俺は婆さんとのつきあいは長いんだ」

というようなことを言った。どうやら禮子さんが學校を手伝う前からのつきあいで、つまりどのお客さんより古馴染みらしい。

「へぇ、そうなんですか」

と明るく答えながら、わたしは内心、だからなんなのだ、つきあいが長いからって威張るなよ、と思っていた。

入院中の禮子さんのお見舞いに行ったとき、阿部さんのはなしになった。

「あの男がくると、みんな嫌な気持ちになるのよね。わたしもそれはわかっているの。でも古いつきあいだから無下《むげ》にもできなくて」

禮子さんはだいぶ具合がよくなって、ベッドの縁に腰掛けていた。向かい合ってパイプ椅子に座るわたしに、どこまで詳しく話そうか考えながらという口調で、切り出した。

二十代の頃、まだ學校にも心平さんにも出会う前、禮子さんは政財界の大物が集うサロンのような場所で働いていたこと。そこに出入りしていたのが阿部さんだったこと。阿部さんは若くて鋭く、年上の大物たちにも一目置かれた存在だったこと。

「學校では、意地悪で自信家で嫌なやつでしょう。ほかのお客さんのことを考えたら、もう出入り禁止にしたほうがいいんじゃないかと何度も思ったんですけどね……」

遠くでバイクが走り去る音。午後の外科病棟は静かだった。

「お互いの人生のいちばん輝いていた時期を知っているから、どうしても厳しくできないの。それがあたしの意気地のないところなんだけれど」

「ふふ」

お互いの人生のいちばん輝いていた時期を知っている、か。病院からの帰り道しばし、そのフレーズの余韻に浸った。

それからしばらく経ったある晩、阿部さんが
「俺はあの婆さんが好きだった男も、よく知っているんだ」
と言い出したことがあった。ちょっとドキドキしながら
「どういう人だったんですか」
と水を向けたらひとこと、
「抱腹絶倒な男だった」
あぁ、やっぱり！　そういう人と恋をしてきたんだなぁ、禮子さんは。それにしても、抱腹絶倒な男っていいなぁ。

そんなこんなで二か月が経ち、禮子さんの骨はくっついて無事退院の運びとなった。退院手続きには清水さんが付き添ったようだった。そして——

ドアが開いて杖をついた禮子さんが入ってきたとき、わたしを含め、その場にいた全員が歓声をあげた。祝福の声が飛び交うなか、清水さんが小さく言った。

「真紀をびっくりさせようと思って、黙って禮子さんを連れてきた」

禮子さんはカウンターの外側の客席に腰掛けた。それでもちゃんと、店のヌシの風格。そして、心底からの声でつぶやいた。

「あぁ、いい眺めねぇ」

そこにちょうど豆腐屋さんがやってきた。わたしは油揚げを何枚か買った。

「あぶってお醬油をかけて食べましょう」

「フライパンで焼けばいいよ」

「おろし生姜もあるかな」

なんて、みんな口々に言った。禮子さんが學校に戻ってきたことが嬉しくて、なんとなく興奮しているのだった。

わたしも張り切って言った。

「じゃ、おあげ焼いたの、食べたい人！」

何人かが手を挙げた。そこへ
「はーい！」

と元気な声がして、見ると、阿部さんがにこにこと挙手している。阿部さんもこんなふうに無防備にはしゃぐことがあるのだ。初めて、ゆがんでいない笑顔を見た。禮子さんの退院を阿部さんがどれほど喜んでいるかが伝わってきた。そうして、この瞬間を味わうためにぜんぶがあったんだということが、なんとなくわかった。

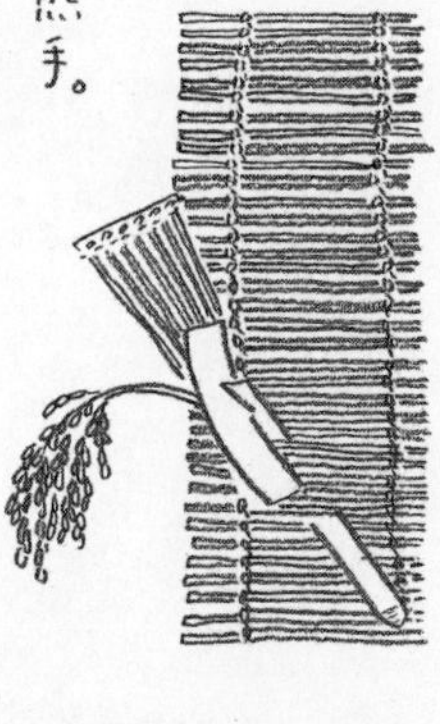

花園神社のお酉様の熊手。毎年誰かが買ってきて、店内のすだれに挿してくれる。

第二章　水曜日のスケッチ

禮子さんの退院後も、わたしは週の真ん中、水曜日だけママ稼業を続けることになった。禮子さんは七十代も終盤に差し掛かり、体力的に無理ができなくなっていた。「週に一日だけでも真紀ちゃんにお願いできたら、とても助かるわ。もちろんあなたの負担にならない範囲で……」との要請を、わたしはふたつ返事で引き受けた。

大好きな禮子さんに頼まれたから、というのはきれいな言い方で、実際には人助けより好奇心が勝っていた。禮子さんの留守を預かった二か月のあいだに知ってしまった滋味が、わたしの襟首をつかんで離さないのだった。學校という、狭くて、暗くて、酒瓶やラジオや灰皿や国語辞典が雑然と置かれた空間で、夜ごと繰り広げられる小さなドラマ。はっきり言ってぜんぜんドラマティックじゃないドラマ。でも毎回、一夜限りのドラマ。わたしは、そこから目が離せなくなっていた。

あるとき、學校で知り合った人はどのくらいいるだろうと指折り数えてみたことがある。すぐに五十人を超えて、面倒くさくなってそこでやめた。だから本章に登場するのは學校関係者のごくごく一部。「俺のことを勝手に書きやがって」という声と「なんで私が出てこないの」という声が両方聞こえてきそう。みなさま、どうかご機嫌よく酔っ払って、お許しください。

水曜日の男、今村さんの豊かなおひげ

毎週水曜日、午後八時半。學校のドアが控えめにノックされる。

「あ、今村さんがきた」

その場にいるみなが口々に言う。學校歴四十年の大ベテランの登場だ。果たして、ドアが開くと立派なあごひげに白いカッターシャツの今村さんが入ってくる。

「今村さん、いらっしゃい」

「きたね、水曜日の男」

などと声がかかるが、今村さんは目を伏せたまま口のなかで小さく

「どうも」

と返事をする。席に着いてもまだ目を上げずに

「みなさん、はなしを続けてください」

と、やはり聞こえるかどうか微妙なボリュームでつぶやく。そうしてあとは、基本

的にはうつむいて周囲のはなしを聞いている。なにか言いたいときだけふと顔を上げるが、カウンターを挟んでわたしと目が合うとあわててうつむく。ものすごくシャイなのだ。

頬、鼻下、顎《あご》と顔の半分が灰色の立派なひげで埋まっている。ひげは顎の下に十センチほど豊かに垂れていて、しかし頭のほうはつるつるしているので、本人は

「これは万有引力の法則です」

と言う。もっともそんな軽口を叩くようになるのは、かなり飲んでからのこと。平生はとにかくうつむいて、沈黙のままビールを消費していく。

飲むのは水曜日だけと決めていて、行きつけの店をふたつみっつ、ハシゴするらしい。

「僕は酒を好みません。ただ、酒を飲むとわずかだが口が回るようになる。そして人と話せるようになる。だから週に一度、飲むのです」

着るものも決まっていて、

「秋がきて、一度長袖を着たら、もう半袖には戻りません」

店に入る前に扉をノックするのも今村さんの決まり。その音で、店内にいる全員が「今村さんだ」と察し、水曜日の八時半がきたことを認識するのだった。

ある夜、風が気持ちいいからと扉を開け放していたことがあった。ふと気づくと、今村さんが外で立ち尽くしている。店の前まできたはいいが、ノックするべき扉がないので、はてどうしたものかと思案しているのだった。入口を背にして座っているお客さんたちにその姿は見えない。わたしはひとり笑いを嚙み殺しながら、しばしその景色を楽しんだ。あぁ、今村さん、いいなぁ。

頼むのは必ずビール。二本か、三本。狭いカウンターに並ぶ客たちは、気が向くと自分が頼んだビールを隣りの人のグラスに注ぐことがある。「さ、どうぞ」「や、どうも。……じゃ、ご返杯」なんて。でも今村さんはそういうやりとりを好まない。常連客はみなそれを知っているから、今村さんのグラスに他人のビールが注がれることはない。

今村さんが學校でいちばん多く口にするフレーズは

「どうぞ、はなしを続けてください」

だろう。

ほかのお客さんがなにかを話しているとき、割って入るようなことはけっしてしない。ときどき会話が途切れたのを見計らって、それまで語られていた話題に付随することを、ひとこと、ふたこと、つぶやく。もちろんうつむいたままで。周囲が「うんうん、それで？」などと促すと、ハッと口をつぐみ、慌てて言うのだった。

「どうぞ、はなしを続けてください。僕のはなしはいいですから」

そんなわけで、今村さんの個人的なことはなかなか聞かせてもらえない。

わたしに対する人見知りもあったと思う。ほとんどのお客さんがわたしのことを「真紀」「真紀ちゃん」と呼ぶのに、今村さんは二年も三年も頑なに「金井さん」を貫いていた。ある晩、さりげなく「真紀さん」に変更した。もちろんわたしもさりげなく受けとめる。呼び名の昇格なんぞ一向に気づかないふりで、冷蔵庫から新しいビールを取り出し、栓抜きを探した。

わたしは血の気の多い人間だが、お客さんと喧嘩したことは二度しかない。「こんな店、二度とくるもんか！」という捨て台詞を投げつけられた日、現場にいたのは今村さんだった。

水曜日を任せられて一年目。冬の晩。

お客さんは今村さんと渡部さんのふたりだけだった。人が少ないとき、今村さんはいつもよりこころもち口数が多くなる。渡部さんは大学で映画を教えていて、今村さんは大の映画ファン。ふたりが揃えば当然、映画のはなしだ。

「キネマ旬報」90周年記念号でオールタイムベストワンに選ばれたのが『ゴッドファーザー』だったという件に関して、今村さんは
「僕は納得しません」

と断固、言う。渡部さんは「ひっひっ」と独特の笑い方をして、今村さんの頑固さを楽しんでいる。渡部さんも普段は遠慮がちに飲むタイプだが、今村さんとふたりなので、なんだかのびのびしている。

「でもねぇ、今村さん。あの映画は冒頭からすごいんですよ、ひっひっ」

そのまま『ゴッドファーザー』の冒頭シーンを口立てで再現してくれた。わたしと今村さんは渡部さんの語りに耳を傾け、それぞれの脳裏でドン・コルレオーネの登場

感を味わった。あぁ、今宵もいい時間が流れている。

そこへ、ひとりの客がふらりとやってきた。

元高校教師だというその人が店にくるのは二度目だった。その晩ひどく酔っていた。なにか不愉快なことがあったのかもしれない。酒場には似つかわしくない、教師稼業の嫌な面が炸裂した。すなわち、威張る、糾《ただ》す、決めつける。場にいきなり暗雲がたちこめた。今村さんと渡部さんはそれに気づかないふうを装って、映画のはなしを小声で続けた。すると、予想はできたことながら、元教師がふたりの映画談義に絡み始めた。あの監督はダメだの、演出が間違っているだの。今村さんはいつもの寡黙な今村さんに戻って、もうずっとうつむいたまま、その男の偉そうな演説を聞いていた。

おい、こら、今村さんが黙って聞いているからって、調子に乗るなよ！　って、調子に乗ったのはわたしだ。威勢よく啖呵《たんか》を切ってやった（つもりだが、お客さんに喧嘩を売るのは初めてだったので、たぶんその声は中途半端に上ずっていたと思う）。

「いまは好きか嫌いかのはなしをしているんです！　正しいか間違っているかはどうでもいいでしょう！」

その瞬間、今村さんがパッと顔を上げた。わたしと目が合った。いつもとは違い、そのまま視線をそらさない。そして大きくうなずいた。

「無論！」

ああ、今村さんも同じなんだな。正しいか間違っているかではなく、好きか嫌いかで生きようと思っている人なんだな。ということがしみじみと知れた。その瞬間、元教師は席をけたてて言った。

「こんな店、二度とくるもんか！」

三年経ち四年経ち、少しずつ今村さんとの距離は縮まっていき、ごくたまにだがその人生の断片を聞かせてくれるようになった。

信州の飯田、の隣りの小さな町の生まれ。少年時代、道に落ちている銅線を拾おうとしたら、びりびりと痺れた。落ちていたのではなく電線が垂れていたのだ。

「あれが僕の人生で、もっとも死に近づいた瞬間です」

立派なひげは、定年まで勤めた出版社を辞めてから伸ばし始めた。

「ひげには一本一本、個性があります。成長が早いのと遅いのと」

よくひとりで旅をする。遺跡や温泉を巡っているらしい。

「でも僕は飛行機に乗りませんし、外国へも行きません。代わりに映画を見るのです」

ある晩、「菊水の純米」の一升瓶を持ってきてくれた人がいた。みな大喜びで、互いの杯に注ぎ合った。だが、今村さんだけは

「アッ、新発田《しばた》の酒。新発田藩は戊辰戦争のとき長岡藩を裏切った……だから僕は……新発田の酒は……」

と小声で抵抗した。しかし結局、今村さんの杯にも純米酒はなみなみと注がれ、観念して口をつける。

「あぁ、飲んでしまった……」

目をつむって、酒の旨さと我が身のだらしなさを胸に刻む、その風情。

雲がお好きなようだ。

「僕は昔、雲日記をつけていて」
と言いかけたことがあり、黙って聞いていればよかったものを、好奇心が抑え切れなかったわたしは
「えっ、雲日記!?」
と反応してしまった。すると今村さんは
「いや、別に大したことじゃないです」
口をつぐんでしまうのだった。そうなるとこちらもそれ以上は聞けない。惜しいことをした。
「とにかく僕は、地震雲は認めません。地震の前に決まって同じ形の雲が出るなんてことがあるだろうか。……しかしナマズは否定しません」
今村さんは、だらだらと飲み続けることはない。どんなに興に乗ってもビール三本がせいぜいだ。そして最後のビールを頼むとき
「ラストオーダーお願いします」
と言う。ふつう、ラストオーダーってお店の人が言う言葉なんじゃないかと思うけ

ど、これも判で押したように毎週繰り返される「今村語」だ。

そしてお会計が二千円台だった場合（多くの場合は二千円台である）、今村さんはお尻のポケットの札入れから千円札を二枚、引っ張り出しながら
「紀元は二千……」

と必ず言い、目を伏せたまま照れたように笑う。「紀元は二千六百年」という歌を子どもの頃に歌ったのだろう。わたしも今村さんの飲み代を勘定するときは、大げさにならないよう注意しながら
「紀元は二千……九百円、頂戴します」

などと告げることにしていた。

毎週水曜日、今村さんの學校での儀式はそうしておしまいとなる。おやすみなさい。

また来週、八時半に。

ウインクが下手な人は弥生人の血をひいているという。
顔面の神経の配置の問題らしい。

「そんなことよりね、
毎週水曜日の八時半に
必ずやってくるという
行動は、ひじょうに
弥生人的だよ」

「……」

上野さんが語る戦後の東京物語

月に一度くらいの割合で、上野さんは杖《つえ》にすがりながら、ゆっくりゆっくりやってくる。年の頃、八十代前半。ときどきひどく声がかすれていて、「お風邪ですか」と尋ねると「薬の副作用で」と言う。両手に透明のビニールの手袋をしたままビールグラスを持つ日もあった。詳しく聞かなかったが、手のひらが塗り薬でベタベタしていたのか、あるいは服用した薬のせいで指から出血していたのか。

つまり病を得ているのだろう。それも進行していく病のように思われた。けれど上野さんは、それに対して恨むところも恥じるところもまったくない、根っから優しくて楽しい人だった。店に入ってくるときこそ覚束《おぼつか》ない足取りではあるけれど、ひとたびスツールに腰を据え、ニッコリ笑って飲み始めると、全身から堂々としたジェントルマンの風格が漂う。

紺色の着物姿か、パリッとアイロンがかかったワイシャツに背広か、いつもそのどちらかだった。着流しのときはそれに合わせた小さな巾着袋を小粋に提げている。背広のときは胸ポケットにハンケチーフを覗かせていた。天然のウェーブがかかった髪をいつもきちんと梳《と》かしつけていて、その頭を見るたびに、出かける前に鏡に向かって身支度をする上野さんを想像した。中央線の西のほうから、よし、今夜は新宿まで飲みに行くぞと気合を入れて、おそらくは愛妻に手伝ってもらいながら、いそいそとおめかしをして家を出てくるのだろう。

どんな人のどんな話題も優しい顔で受けとめる。一度に複数のお客さんから注文が入って、わたしがうまく対応しきれないとき、「ゆっくりでいいからね」と声をかけてくれるのも上野さんだった。

ある晩、若い（と言っても五十代の）広告マンの木戸さんが威勢よく天皇制批判を繰り広げていた。太平洋戦争の本を読んだ直後らしく、熱っぽく戦争反対を唱え、天皇に戦争責任がないのはおかしいと訴えた。しまいに矛先は、その戦争の本を品切れ重版未定にしている大手出版社にまで及ぶのだった。

「ね、戦争を経験してる上野さんならわかるでしょ。みんな、天皇陛下バンザイって言いながら死んでいったのに、天皇陛下はお咎《とが》めなしなんておかしいよ。ねえ」

酔ってヒートアップする木戸さんにつかまった上野さんは、穏やかな表情を崩さずに、しばらく相手をしていた。

「ね、上野さんも天皇制に反対でしょ？」

とあくまで賛成か反対かにこだわる木戸さん。その晩、學校に戦前生まれは上野さんしかいなかった。なんとなくみんな黙って、その意見を待つ。上野さんはいたずらっぽく笑って言った。

「うん。でも僕は、美智子皇后のファンだから」

けっきょくそれが結論みたいになってしまい、木戸さんは納得できないけど仕方ないって顔で六杯目の焼酎を飲み干し、帰って行った。

上野さんは子どもの頃、満州の学校に通っていたという。戦争が終わったときは中学生。家族で大陸から引き揚げてきた。まだ幼い弟や妹がいたから、家計を助ける必要があった。それで池袋の闇市に出入りしたり、築地で倉庫番をしたり、木挽町の砂糖問屋で丁稚《でっち》をしたり、大忙しの日々がはじまった。

その時代のことを、上野さんはけっして苦労ばなしとしては語らない。倉庫に住み着く野良猫と仲良くなっていっしょに寝ていたとか、小田原までのおつかいに自転車で出かけてみたとか、どのエピソードにも明るい光がさしていた。わたしはいつも、終戦直後の土埃《つちぼこり》舞う東京を舞台に、心優しい少年が奮闘するモノクロ映画でも見るような気持ちではなしを聞いた。

上野さんは話し終えると照れくさそうに笑って、

「あなたは僕のつまらない昔ばなしを熱心に聞くねぇ」

と言う。つまらなくなんかない、とわざわざ言うのも野暮なのでこちらも照れ笑い。大人になった上野さんは映画の看板を描く仕事に就き、その後はデザイナーとして生きてきたようだ。でも人生でいちばん長く従事した仕事のはなしはほとんど聞いたことがない。話題にするのは職を転々としていた十代の頃のことばかりだった。

一度だけ、店から新宿駅までいっしょに帰ったことがある。禮子さんがママをしている（つまり水曜日以外の）夜、たまたま帰るタイミングが重なった。禮子さんは

「じゃ、真紀ちゃん、上野さんを頼むわね」

と言った。杖をついてゆっくりしか歩けない上野さんを、駅まで安全に見送ってね、という意味だった。だが上野さんは骨の髄までジェントルマンだ。当然、自分がエスコートする側だと思っている。それでわたしはレディの気持ちになって、上野さんに守られながら駅までの道を歩いた。ゆっくり、ゆっくり。

上野さんを思い出すとき、カウンターのなかに入っている人のことを「おねえさん」と呼ぶ口ぶりが懐かしい。禮子さんのこともわたしのことも「おねえさん」と呼んだ。わたしは四十も年上の人に「おねえさん」と呼ばれる経験をひそかにおもしろがっていた。おそらくは一九四〇年代から飲み始めた上野さんは、いったい何人の酒場のママを「おねえさん」と呼んできたのだろう。

ドン・ノゾミは迫力と渋みを身に纏う

上野さんが「おねえさん」なら、ドン・ノゾミは「おかみさん」だ。カウンター越しにお酒を注文するとき、ドン・ノゾミは相手が禮子さんでもわたしでも、低い声で「おかみさん」と呼びかける。でも學校から一歩外へ出ると「真紀ちゃん」と呼んでくれる。その代わり、メガンテに行けばメガンテのママの純子さんを、蛾王で飲めば蛾王のママの栄子さんを「おかみさん」と呼ぶ。その正確な使い分けが、いかにも言葉を扱う稼業で生きているドン・ノゾミらしい。

最初にドン・ノゾミが持ってきてくれたのはカルヴァドスだった。

「これ、カルヴァドス。リンゴの酒」

店に入ってくるなり唐突にそう言って、酒瓶をわたしのほうへ突き出した。ラベルに書かれているのはフランス語らしい。読めないながらも眺めていると、今度は鞄のなかから仙花紙に印刷された古い本を引っ張り出した。レマルク著『凱旋門』。ドン・ノゾミが太い指でページを繰る。

「ほら、ここを見てごらん」

『もう一杯どうです』

女はうなづく。彼は給仕を呼びよせた。

『カルヴァドスをもう二つ。大きいグラスだ』

給仕が飲みものを持つて來る。ラヴィックは沁み通るやうに、香りの高い林檎のブランデーを用心ぶかく取上げて、女の前に置いた。

『これも飲んでしまひなさい。あまり藥にもならないけれど、睡くなる。何時までも氣に病むがほどのことは、世間には何もない』(井上勇訳、一部省略)

「ほんとだ。カルヴァドスが出てきますね」

「うん。この本、貸すよ」

旧漢字、旧仮名遣い。しかも上巻と下巻と二冊あった。

「あの、貸してもらってもすぐに読めないかも……」
「いいよ、すぐに返してくれなくても。捨てないでもっていてくれればいい」
そう言ってニヤリと笑った。

ドン・ノゾミは、フランス語の達人だ。と言うと、本人はおそらく口元に微笑をたたえてこう返すだろう。「その前に、日本語の達人だと言ってほしいね」。職業は日本語教師。フランス語圏から日本にやってくるビジネスマンに日本語を教えるのが主な仕事らしい。

たっぷりの髪を首にかかるくらい伸ばし、ふくよかな頰をワイルドなひげが覆っている。まなざしと目尻のしわは深く、声は渋い低音。笑うときは豪快に周囲を巻き込むか、あるいは特定の相手にだけわかるよう無言でニヤリとするかのどちらかだ。その風貌、振る舞い、そして胸板とお腹まわりの肉付き、なんだかマフィアのドンみたい。

若い頃はパリに住み、日本に戻ってからもその語学力を武器に、勤め人にはならずに家族を養ってきたらしい。そのせいか、どこか日本人離れした無頼な雰囲気をもつ。だがいっぽうで、数百年つづく陶芸の家の血を引いていたり日曜日には教会に通う習慣があったり、育ちがいい感じが漂っていて、だからみんな安心してこのドンに甘えることができるのだった。

カルヴァドスを皮切りに、ドン・ノゾミは學校へいろいろなお土産を持ってきてくれた。バゲットとチーズ、フランスの化粧品（教え子の会社の製品）、水琴窟に関する冊子……。くれるのは物だけではない。そこに必ず言語学や歴史や比較文化の蘊蓄《うんちく》が付随していた。ドン・ノゾミがやってくると、酒場學校の「学校度」がぐんと上がる。まるで勉強熱心な学生のような気持ちになって、わたしはドン・ノゾミが披露する世界の断片、雑雑とした知的エッセンスをノートに書き付けた。

ドン・ノゾミのドンっぽさが際立つのは、たまに身内の人を連れてくる夜だった。ドン・ノゾミの後ろから、ふたりの息子さんがそれぞれの恋人を伴って店に入ってきたときは、美しい若者たちの熱気で店の空気が一変した。普段はフランスに住んでいる娘さんも、帰国したら必ず學校に顔を出してくれる。行きつけの店に子どもを連れてくる父親の朗らかな威光。「なんでも好きなものを飲みなさい」と言われて、はにかみつつ父と同じものを注文する子どもたち。ゴッドファーザー率いる一家は、お行儀がよくて、大らかで、いつもまぶしい。

家族だけでなく、教え子を連れてくることもしばしばだった。フランス人、スイス人、スウェーデン人……。もちろんドン・ノゾミに習っているだけあって日本語はペラペラ。外資系企業の幹部だったり、世界各地に三軒も別荘をもつ実業家だったりしたが、みな薄暗くて狭い酒場で焼酎のお湯割りを飲む雰囲気を楽しんでいた。

學校のお客さんのなかにはドン・ノゾミのほかにも、外国語ができる人、海外で仕事をしている人が何人かいる。ドン・ノゾミが教え子を連れてくる夜に限って、なぜか海外事情に詳しい人が揃ったりするから、酒場の磁力はおもしろい。

「日本語と韓国語はね、擬音語、擬態語が多いんだよ」「サウジアラビアの人は豚肉を食べないでしょ。それからウロコがない魚もダメなんだよね」「インドではどこのバーでも必ずピーナツのカレー炒めがあってさ」……。

そんな会話を背中に聞きながら、しゅんしゅんと沸くやかんのお湯を魔法瓶に注ぎ足す。あぁ、世界は遠くにあるのではない。いまここにあるんだなぁ。

「みんなすごいな。俺なんか……日本語もできないよ」

極端に口下手なもじゃもじゃがつぶやくと、ドン・ノゾミはニヤリと笑って言う。

「あなたにはかなわない。なにしろ言葉を使わずにしゃべる達人なんだから」

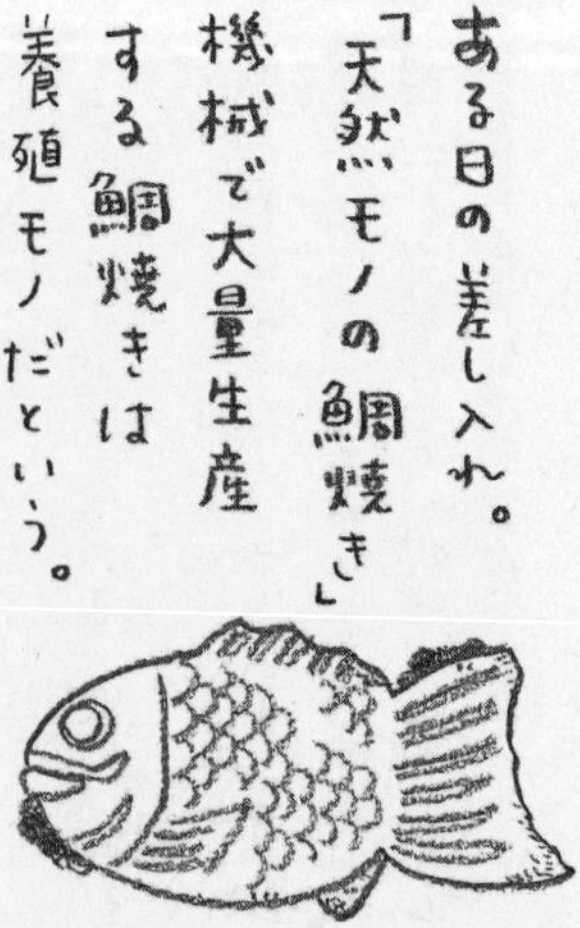
ある日の差し入れ。
「天然モノの鯛焼き」
機械で大量生産
する鯛焼きは
養殖モノだという。

冒険とはなにか、西澤さんの場合

五年もママを続けていると、お客さんの境遇はどんどん変わる。孫ができたり、妻を亡くしたり、定年を迎えたり。最初に会ったとき、西澤さんはサラリーマンだった。保険だか金融だかのお堅い仕事で、地味なスーツと整髪料でなでつけた髪。一人称は「わたし」。

本郷の会社に通うのに、上野駅から二十五分かけて歩くのが日課だと西澤さんは言った。冬から春へ、春から夏へ、夏から秋へ、不忍池《しのばずのいけ》の水鳥や蓮が毎日少しずつ変化していくのを眺めながら早足で歩くのが好きだと。そうやって堅実な毎日を積み上げて、家族を養って、定年を迎えた。最後に出社した日も、きっと不忍池のほとりをすたすたと足早に通り過ぎたのだろう。

会社を辞めてからしばらくは、學校にも姿を見せなかった。何十年も属していた組織を離れたときの気持ちをわたしはうまく想像できず、西澤さんはどうしているのかなあとぼんやり考えていた。

初夏だったと思う。西澤さんが、ほかにお客さんのいない早い時間にひとりでやってきた。

「やぁ、久しぶり」

スーツではなかったが、地味なシャツとズボンで、髪型はサラリーマン時代と変わっていなかった。それでも入ってくるなり、なんとなくそれまでの雰囲気とは違う気がした。棚に「西澤」と書かれた焼酎のボトルを探しながら

「お元気でしたか」

と尋ねると、

「あのね、わたしね、冒険してきたの」

定年退職したあと、初めてひとりで国際線に乗ってパリへ行き、鉄道に乗ってリヨンを訪ね、三週間ホームステイをしてきたという。言葉がわからなくて困ったり、思いがけない展開があったり、珍道中のエピソードをひとしきり聞かせてくれた。

ハイライトは、「リヨンの近くに知人がいるから、会いに行くといい」と紹介され

た人を探すくだり。教えてもらった番号に電話をかけても相手がなにを言っているのかわからず、そことおぼしき通りを何度も行ったりきたりして、カタコトで人に尋ね尋ね、大汗をかきながらやっと巡り会えたという顛末だった。地味な日本のおじさんが、ひとり異国の町で途方に暮れている姿が目に浮かび、はなしを締めくくる「ホッとしたよ」にこちらまでホッとして、笑った。

それを「冒険」と呼ぶ西澤さんの気持ちがよくわかった。他人が聞いたら、たったそれだけのこと、かもしれない。誰だってやろうと思えばできるだろう。でもそれを実際にやったとき、どれだけのドキドキがあるかは、やった本人にしかわからない。六十歳を過ぎて初めて味わうドキドキをくぐって、西澤さんの顔は輝いていた。そして、こういうはなしをわたしが喜ぶだろうと予想して、なるべく一対一で話せるタイミングを見計らってお店にきてくれたことが嬉しかった。

二度目は冬の終わりだったと思う。やはり開店直後の、がら空きの時間帯に西澤さんがひとりでやってきて、

「真紀ちゃん、わたし今度ね、ブラジルへ行ってきます」

「え！　ブラジル！　なになに、詳しく教えてください」

中学の同級生で、ブラジルへ渡った友人がいた。西澤さんは、移民事業の最後の世代なのだという。クラスメイト全員が還暦になった年の同窓会に、その友人がブラジルから参加した。

「彼に『西澤、今度ブラジルへ遊びにこいよ』って言われましてね、わたし、その気になりまして」

せっかくならカーニバルの時期にこいよ。そう言われて、別の同級生とふたりで行く計画を立てていたが、相棒は病気になってしまった。

「最初は『じゃあ、俺も今回は見送るよ。また来年いっしょに行こう』ってわたし、言ったんです。でもそいつはね、『俺たちの年齢になったら、また今度なんて言ってちゃダメだ。来年はお前が病気になるかもしれないし、身内に病人が出るかもしれない。行けるときに行っておかないと行けなくなるぞ。俺に構わず、お前だけ行ってこい』って。それを聞いて、そうかもしれないと思いまして。わたしひとりで、ちょっと怖いけど、行ってみようと」

そうだそうだ、行けるときに行かないと、人生の持ち時間はほんとうに短い。わたしは勢い込んでうなずいた。

「西澤さん、ひとりでリヨンまで行ったんだから、大丈夫でしょう」

「そうなの。そのことを思い出して、またひとつ冒険をしてみようかと」

それからブラジルにおける移民の歴史、先住民の風習、経済発展の状況などを話してくれた。

「全部、本を読んで仕入れたばかりの知識だけど」と言いながら。行く場所のことを事前に丁寧に調べるのが、いかにもまじめな西澤さんらしかった。

ブラジルから帰ってきたら、旅のはなしを聞かせてくださいね。その晩はそう言って見送った。だがその後、西澤さんと会っても、ブラジルのはなしをじっくり聞く機会はないままだ。きっと、ほかのお客さんがいる前で旅の自慢ばなしのようなことをしたくないのだろう。そうしてわたしも、旅のはなしが聞きたいのではなくて、旅に出る勇気の風を感じたかっただけだからそれでいいのだと思っている。

棟梁のバラ、林さんの指輪

その晩、店には棟梁と林さんがいた。

棟梁は六十代の建築家。學校がゴールデン街に移ってきたとき、店の図面を引いた人だ。大工さんではないのだが、建築方面のリーダーということで店では「棟梁」のあだ名で通っている。電話してくるときは自ら

「あの、棟梁だけど」

と名乗り、そのあと照れくさそうに「うふふ」と付け加える。目もとが柔らかく、杯を口に運ぶとき前髪がはらりと額にかかる。棟梁という勇壮なあだ名の割には、繊細で、色気があって、甘えん坊。毎年、禮子さんの誕生日にはバラの花束を抱えてやってくる。そういうことが様になる人なのだ。

「禮子さんになにかあったら、俺、おぶってあげるね」

なんて臆面もなく言うのであるが、禮子さんは冷静に

「なに言ってるの。あなたは『色男、金と力はなかりけり』でしょう」

と切り返す。それでもわたしの見るところ、禮子さんはマッチョな男よりこういう色男タイプが好みのよう。

一方の林さんは、五十代半ばで広告の仕事をしている。サラリーマンらしくいつもスーツを着ているけれど、上着のデザインがダブルだったり、大ぶりの指輪をしていたり、口ひげを生やしていたり、勤め人のなかでも柔らかい部類という印象。年配者にも女性にも臆せず冗談を言い、細い目をさらに細めて「えへへ」と笑ってみせる態度から、人づきあいにも酒場にも慣れていることが察せられた。「この前、カミさんと出かけたときにさぁ」なんてはなしを軽妙に繰り出しながら、「ま、でも、俺の人生の結論は、結婚なんてするもんじゃないってことだね」と最後は煙に巻く。その照れが、いかにも東京っ子。

林さんと棟梁は、使いこなせない携帯電話の失敗談を披露し合いながら

「そもそも携帯電話なんていらないんだ」

「ついこないだまで、なくたって平気だったんだから」

「むしろ便利で不便ってやつだよな」

「いいこと言うね」

なんて、ふたりで楽しそうに飲んでいた。そのうち、

「真紀ちゃん、煙草ある？」

と林さん。

「あ、置いてないんで、コンビニで買ってきます。ちょうど洗剤も切れてて、買いに行きたかったの。ふたりで店番しててください」

「わかった。いやなヤツがきたら追い返しとくよ」

ふたりを残して、エプロンをしたままコンビニにおつかいに行く。路地の暗がりに、化粧をしてウィッグをつけた男の人が椅子を出して座っていて、野太い声で「こんばんは」と挨拶してくれる。あの人は三十年くらいずっとそこに座っているかのように、夜の路地に馴染んでいる。

五分くらいで店に戻ると、棟梁と林さんは口をつぐんだ。ただ黙って飲んでいるのではなく、明らかに直前まで話していた話題を急にやめた、という空気がたちこめていた。

行きつけの飲み屋を
変えるのも億劫なのに
政党を何度も変える
小沢一郎は偉いよ。

ふたりでなにを話していたのだろうと思いながら、こちらからも聞きかねて、黙って買ってきた洗剤を流し脇に置く。ついでに蛇口をひねって手を洗う。飛沫が散ったところを台ふきんで拭く。そんなことで時間稼ぎをしていたら、ついに林さんが言った。

「あのね、真紀ちゃん。もしも、ね。もしものはなしだよ」

「?」

「もし禮子さんに、學校のママを継いでくれって言われたら、どうする?」

棟梁が慌ててさえぎった。

「ちょっとちょっと! なんでそう、単刀直入に聞くんだよ」

「だって棟梁が言い出したんだろう」

「こういうことは、もっと様子を見てから」

「様子見たって同じだよ。どうせ聞くんだから」

わたしの答えを聞かずに、ふたりはごにょごにょと言い合いを始める。繊細な棟梁の優しい慌て方も、林さんがわざと大雑把に言う口ぶりも、ふたりらしくて、この言い合いをおかずにご飯が食べられそう。なんて、愛でている場合ではない。

「その問題かぁ」

とわたしは言った。ふたりは言葉を呑み込んで、わたしの顔色をうかがう。

「そのときになったら考えます」

それが正直な答えだった。

禮子さんの年齢を考えれば、このまま何十年も學校が続いていくことはないだろう。それを本人も周りも、どこかで意識していた。わたしの出現を「よかった、よかった。學校に後継者ができたな」と手放しで喜ぶお客さんもいる。そう言われると単純に嬉しい。初代が心平さん、二代目が禮子さん、そしてもし自分が三代目だったら、あぁ、なんておもしろいだろう。だけど現実には、どんなに好きな學校でもこれはわたしの本業ではない。とはいえ學校がなくなってしまったら、わたしがいちばん困る。この問題はどこまで考えても答えが出なかった。いつか禮子さんがママをやめるとき考えよう。とりあえずそう決めて、先送りしていた。

「今年もあと
二週間か」
「あーあ、今年
はやく終わって
くんねえかなあ。
で、なかったことに
したい」

第三章　昔の男ども

毎週水曜日はカウンターのなかで「代理教師」を務めるため、學校に行く。そして、できれば水曜日以外のどこか一日、禮子さんに会うため「生徒」として學校に通う。三十代後半の五年間、わたしはそんな「スクールライフ」を送った。

禮子さんとふたりだけの晩、わたしはよく昔ばなしをねだった。

「真紀ちゃん、ビールでいーい？」

と言いながら、禮子さんは次々に冷えた大瓶を出してくる。二本、三本、四本……。水曜日以外のわたしは客なのに、禮子さんはわたしにお金を払わせまいとして、すぐ「これ、あたしの分ね」と言う。そして節が少し曲がった長い指を優雅にビールグラスに添えて、過ぎ去った日々を語り出す。すると薄暗くて狭い學校のなかに、心平さんをはじめとする「昔の男ども」があわあわと姿をあらわすのだった。

禮子さんの昔ばなしが、ビールでゆるんだ脳みそのふちを撫でてそのまま消えてしまうのが惜しくて、三回ほどレコーダーをまわしたことがある。でも、はなしが長くなればお互いの酔いは加速度的に深くなり、とくにわたしのほうが先に酔うので、ついぞ上手なインタビューには着地しなかった。

お互いシラフのときに、そして禮子さんがいろんなことをもっと明晰におぼえている時期に、レコーダーをまわしておくべきだったと悔やむ気持ちもある。時系列や人物相関図に疑問点が浮かんだら、その場で問い直すべきだったかもしれない。「あたし、いいことしかおぼえていない」という禮子さんの性格を踏まえて、もう少し陰の部分をつっこんだらエピソードに奥行きが出ただろう。でも。そういう頭の使い方を一切せずに、ふわふわと、あっけらかんと対するのが禮子さんの昔ばなしの味わいだった。そういうわけで記録としては甚だ曖昧ながら、インタビューとしてはまことに不出来ながら、いまと昔を行きつ戻りつする禮子さんの語りを文字に起こしたものを以下に記す。酒場學校で更けていく夜の味を少しでもお裾分けできたらと思う。

まさかね、こんな人生を送るなんてね、心平さんに出会うまでは思いもよらなかったの。新宿一丁目にあった學校に行って、そこで心平さんに出会ったのは二十八歳のとき。

そのとき、ちょうど絵描きの恋人がいて……もう名前も忘れてしまいそうに古いはなしですけど……彼がミュンヘンに行っちゃったの。あたしも昼間は歌舞伎関係の仕事をしていて結構忙しかったから恋人のことなんて忘れているんですけど、夜……うん。夜になるとやっぱりひとりではさびしくてね。といってもね、メソメソ泣くほどでもないのよ。

「週刊新潮」に、心平さんがまた店をやるからお手伝いの人を募集するっていう記事が載っていたのをたまたま目にして。その頃あたし、内藤町に住んでたの。家からも近いし、夜のさびしさを紛らわせるにもいいかなって思って、おそるおそるお店に行った。それが始まりです。

學校は一九六〇年の六月十五日に始まったのね。心平さんが「安保反対、本日開店」なんてチラシをつくってね、最初の日からお店はワヤワヤしたらしい。あたしはそのときはまだいないから、それはあとで聞いたはなし。あたしが初めて學校に行ったのは、六月の末くらいかしら。「週刊新潮」の広告を見て、半月くらい考えてから、やっと決心して行ったの。

草野心平がつくった初代の學校は一九六〇（昭和三十五）年六月、新宿一丁目に開店した。心平さんの年譜には「バー学校を新宿区一の五に開店。園生裕一郎と共同出資。間口一間半、奥行二間、設計辻まこと」と記されている。上階には中華料理店があり、「天井裏をネズミが走り回り」「トイレの扉が閉まらなかった」というのが、当時を知る人が口を揃えて言うことだ。

ときは六〇年安保のまっただなか。連日、デモ隊が国会議事堂を囲んでいた。心平さんは學校開店準備に奔走する一方で、ひとり警視庁前に出かけて行き、麦わら帽子姿であぐらをかいて安保条約改訂に抗議した。写真家の土門拳もひとりで警視庁前にきていてお互いに驚いた、なんてはなしが残っている。

心平さんはデモ隊のなかに知っている顔を見つけると、「安保反対、本日開店」というチラシを配ったという。「安保反対、本日開店」というコピーが印象深いせいで、學校が開店したのは六〇年の六月十五日、国会議事堂正門前のデモで樺美智子さんが亡くなった日だと記憶している人も多く、そのような記録も残っている。だから禮子さんもそう語るのだが、心平さんの日記には、開店日は六月二十一日だったと記されている。

禮子さんが目にした「週刊新潮」の広告は、六月二十日号の「週刊新潮掲示板」というページに掲載されている。以下、全文を記す。

草野心平　居酒屋『火の車』をやめてからもう五年ほどたちました。ところで今度は少し趣向を変えて、スタンド・バー『学校』を近日開店いたします。場所は東京・新宿一丁目五（新宿御苑正門前付近）で、女の人を求めたいのですが、20歳前後の、むしろ未経験者を歓迎します。就業時間は日曜日をのぞき、毎日午後5時から11時までです。ご希望の方は東京都新宿区柏木3の373［電話東京（368）5064］までお申しこみください。（詩人）

週刊誌に自宅の住所と電話番号を堂々と載せちゃう時代だったのだ。ちなみに同じページには彫刻家のイサム・ノグチがこんな風変わりな広告を出している。

イサム・ノグチ　私はタコのコレクションをしております。（中略）アメリカとヨーロッパの両方でタコの製品展覧会を催したいと考えています。新旧をといませんが、芸術的なタコをお持ちの方は、八月末までにその写真、または、実物、値段などを、参考品として東京都港区赤坂榎坂町四　市川方までお送り下さい。

（彫刻家）

その後、芸術的なタコは集まったのか、少し気になる。

初めて会ったときはね、早い時間に訪ねていったの。雨が降っていたと思う。ドアを開けたら……そのドアが結構重くてね。なかはひどくボロボロでしたけど、ドアだけは立派なお店だったのよ。客はキンちゃんと、もうひとりくらいいた気がするけど、誰だったんでしょう。

で、奥に心平さんがいて。山田久代さんはドアのところでこんな感じに（つまらなそうにうつむく風情）立っていて……心平さんのチョッキを着ていたわね。心平さんと山田さんはセーターやチョッキを共有していたの、ふふふ。あとで知って「へえ」と思った。山田さんは、ご自分はお酒は一切飲まないで、とにかく心平さんを無事に連れて帰ることだけを考えている感じで。とってもきれいな人でした。あたしと九歳違いだから、当時まだ四十になる前だったでしょうね。

心平さんもそんなに酔っ払っていなかったし、キンちゃんもまだそんなに酔ってなくて。あたしはお酒を飲むような場所へ行ったのは生まれて初めてでしたから、ヘンなところにきちゃったかなぁと思っていると「まぁ、こちらにきておかけなさい」なんて、心平さんが声をかけてくれて。あたしは硬くなって「はい」なんて言ってね。山田さんは離れたところでにこにこしていた。

「お手伝い募集の記事を見てうかがいました」って言ったら、心平さんは「九時までという条件はいいけれども、うちはあんまり高いお礼はできないよ」って……お給料とは言わなかったわね、お礼と言ったと思う。そのうち横にいたキンちゃんがだんだん酔っ払ってきて、「きみ、昼間はなにしてんの?」なんて質問してきて。そんな感じで働くことになったのかな。

でもね、あたしは最初から學校で働いたわけじゃないの。「週刊新潮」に記事が出たら、文学とか詩に興味がある人がたくさん押し掛けてきて、一週間……日曜日はおやすみで週に六日……日替わりで頼む人がもう決まっていると言われたの。それでね、近くに「ノラ」っていうお店があって、そこのママが手伝いの人を探しているから、そこでよかったら手伝ってみないかって。だからあたしが最初に手伝ったのはノラというお店なんですよ。

ノラのママは、おっとりしていて働き者

ノラのママは大柄で色白の……うん、美人とは言えないんだけど、お嬢さん育ちでね。亭主がぐうたら者で、子どもを育てるためにそのお店をやっているような感じで。まさしく『人形の家』のノラです。そういうことは、あの時代よくあることだったのね。

ノラのママは、酔っていないときは聞かれれば返事をするくらいで愛想もなんにもない人だったけど、酔ってくるとだんだん元気になりましてね、ふふ。慣れてきたらあたしに「今日はうちに泊まっていきなさい」なんて言ってくれたこともあったわね。家には子どもが三人と、あとおばあちゃんがいましたね。下の子はまだ中学生くらいだったかな。

ママがいっしょになった人は映画監督だっていうんだけど、どんな映画をつくっていたのか。まぁ、あんまり名の知れた監督ではなかったんでしょうね。あたしが会った頃、ママはだいぶふっくらしてたけど、若いときは肌も白いし、お嬢さん育ちの雰囲気もよかったんでしょう、その監督なる人に「女優にならないか」って誘われて女優になったらしいのね。なったはいいけれど、もともと演技ができるような人じゃないからね。で、そのうちその監督と結婚して子もできた。けれども、やっぱり映画の世界の人に決まった収入なんてないし、ママが店をやらないと子どもたちも育てられない状態だったのね。

そのご亭主なる人は、ほかの女優さんかなんかといっしょになって、あたしが泊めてもらった頃はもう別れてたの。当時は別のおじさんがいて、あとで聞いたらそのときの恋人だったみたい。でもその男も稼ぎがなくてね、ママが養っているような感じだった。ママはね、端から見ると随分苦労しているなぁという感じではあったけど、でもやっぱりいい人に……ま、あたしがいい人っていうとみんないい人になっちゃうけど……出会えて、楽しい人生だっただろうと思います。

ノラというお店はかなり前に閉じてしまったけど、ママはまだお元気だと思う。長男といっしょに住んでるのかなぁ。それともひとりで暮らしてるのかなぁ。……あなた、寒くない？　換気扇、消しましょうか。（換気扇の紐を引っ張る音）

ノラで働き出したときは、飲み屋さんなんて初めてだったから毎日驚いてばかりいました。そのうち常連さんと仲良くなって、「じゃ、終わったら學校に行こう」とか「道草に行こう」とか、あとは「ナルシス」とかね、界隈のお店に誘ってもらうようになったのね。

当時の學校は新宿一丁目でしょ。ノラは新宿二丁目にあって。「道草」は二幸裏にありました。そこを男たちはぐるぐる巡って飲んでいたのよ。なかには一晩で二周する人もいたりして。

あの頃は男たちが毎晩飲むから、どこのお店もそれなりに儲かったのよ。儲かったっていうのも違うのかな、収入で困るなんていうお店はなかった気がする。でも家族や親族や養わなきゃいけない人が多かったから結局はぴいぴいしていた。ま、あたしはそんなこと関係なくてのんきだったんですけど。

けっきょく何か月かすると、學校のお手伝いの人がいなくなってしまって。合わなかったんでしょうかねぇ。あたしは心平さんと山田さんを手伝って學校で働くようになりました。

こうして禮子さんは、開校から数か月遅れで學校の住人となる。以後、心平さんとその恋人の山田久代さん、そして禮子さんの三人で店を続けていくことになる。はじめ二十八歳だった禮子さんは、心平さんを見送ったとき五十六歳になっていた。その後、六十三歳の冬にゴールデン街に場所を移して酒場學校を再開する。わたしが出会ったとき七十六歳だった。人がやってきて、酒を飲んで、帰っていく。幾星霜、學校のカウンターのなかからその風景を見守って、禮子さんの人生は過ぎていった。

酒場《バア》学校のシンボルは　時代おくれの大時計
二十一世紀を告げる鐘　さらばで御座る
酒はぐいのみ　ビールは泡ごと
酒場《バア》学校の常連は　世にも稀なる美男美女
落第つづけの優等生　しからばそうれ
酒はぐいのみ　ビールは泡ごと

（『バア「学校」の校歌』作詩は草野心平、作曲は小山清茂）

禮子さんのゆっくりとした口調で語られる昔の「優等生」たち。はなしを聞いているうちに、時間軸がふとねじれて、彼らの背中や掌や横顔が見える気がする。なーんて、酔いがまわってきただけか。

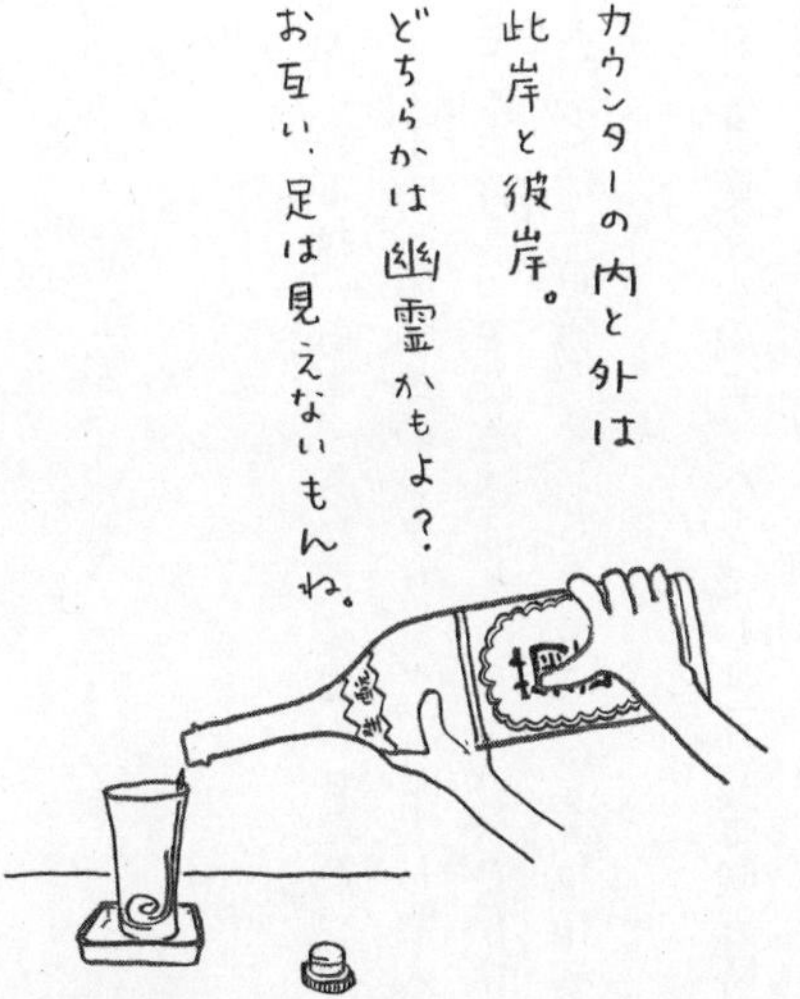
カウンターの内と外は
此岸と彼岸。
どちらかは幽霊かもよ？
お互い、足は見えないもんね。

キンちゃんは毎日五時にやってくる

毎晩のように飲みにきたのが、キンちゃんってね、あぁ、あなたに会わせたかったわね。高橋錦吉というグラフィックデザイナーで、明朝体のレタリングでは大した人だったみたい。飲まないときは自分からモノを言うってことはほとんどない。でも酔ってくると、ふふふ。「絡みのキンちゃん」とか「喧嘩のキンちゃん」って言われるんですけどね。

キンちゃんはクリスチャンなのよ。それで共産党なのよ。ヘンでしょう。毎晩五時くらいから見えてね。六時からだって言ってるのに五時くらいにきちゃうの。あたしが割にせっかちなもんですから、四時くらいには店に行くようにしていたのね。それで早めに開くことがわかったんでしょう、あの人たちの仕事は三時の校了かなんかが済むとその日の分は終わるらしくてね、五時くらいにはきちゃうの。

あたしは始めのうちなにを話していいかわからない。彼も酔ってないときはほんとに無口な人なのね。それでも一生懸命、あたしとしゃべったってなにがおもしろいわけでもないのに、なんかかんか話しかけてくれてね。なんでもないはなしをするんだけど、キンちゃんと話しているとちっとも飽きることがなかったの。キンちゃんはすでにその頃、五十は超していたと思います。

客のなかでは「キンちゃん」で通ってた。彼を嫌っている人はいなかったわね。あの頃の男たちは、とにかく集まるだけではなしが弾むのよ。楽しいはなしもいっぱいするけれど、喧嘩もしょっちゅう。本気で喧嘩をして嫌になってもうこなくなる人もいるけど、また次に会うと「やぁ」なんていっしょに飲むんだから、ふしぎだなぁと思っていました。

あれはもう独特の時代なのね。たぶん……戦争に負けたこと……口には出さないけれど、男たちの心にはずっとそれがあったんじゃないかな。戦争が終わってホッとしたというのもあるけれど、やっぱり日本で生まれ育った男がね、たとえ共産党だろうとなんだろうと、戦争で負けたことについては……なにか心のなかに屈折するものをもっていたんでしょうね。あたし、その頃はそんなことさっぱりわからなかったけれど、あとになってそういうことなのかなぁと思うのよ。それに、昔の男たちはよーく本を読んでいましたからねぇ。話していても、なんかひとこと言っても、「あぁ」と思わせるようなところがあったように思いますね。みんな大人だったのかなぁ。基本的にいまよりませていたんでしょうね。時代なんでしょうね、きっと。

厨房を油でギトギトにする檀一雄

檀さんは學校へくると、お料理したがるの。ご自分で材料を持ってらして。それはとびきりの魚やお肉なんですけどね。でも狭いでしょ。だから檀さんが料理するともう油だらけ。

バターやなんかをジュージューやる男の料理。心平さんもお料理はお上手だったけど、檀さんのお料理はハイカラでした。なんでもたっぷりするからね、小さなお台所でもおかまいなしに。ジュージューやって、ギトギトになって、嫌だなーと思っていました、ふふふ。あたし油嫌いなのよ、だから普段から揚げ物はめったにしないのに。でも檀さんのつくるものはやっぱりおいしいのね。だから、ギトギトにしないとおいしい料理はできないんだと思いました。

心平さんといっしょに石神井の檀さんの家にも行ったわね。その晩は檀さんのところに泊まって、次の日「じゃあ秋津にでも行くか」なんて言って、今度は三人で心平さんの家に行きました。車で行ったわね。「ふみも行く?」なんて言うと「うん」なんて、娘のふみもついてきたように記憶しています。

檀さんは、家にお客さんを呼ぶと、奥さんのヨソ子さんに威張るのよ。ヨソ子さんも口答えなんかしないで上手に受け止めていましたね。でも檀さんという人は、根はまじめ。家のなかでは随分わがままだけど、外の人にはけっしてそういうことはしない。けじめがあって……まぁ古い男なのかもしれません……相当親しい相手に対してもお行儀がよかったですね。言葉遣いも崩さない。酔っ払って馴れ馴れしくする様子もあまり見たことがないですねぇ。あの人はお酒を飲んでもまじめな人だったんじゃないかしら。心平さんはしくじりもいっぱいして……あとで「ごめん」なんて謝りますけどね、檀さんはそういうのはなかった。

あたしにとっては檀さんのほうが窮屈。きちんとしてて、自分がしたいことがきちんとできないと不機嫌になるタイプ。わかりやすいって言えばわかりやすいけれどね、あたしは檀さんとはいっしょに住めないなぁっていつも思っていました。檀さんのことは尊敬しているけど、いっしょに住むのは無理。ふふふ。まぁ、向こうもあたしなんて願い下げかもしれないですけどね。心平さんとならいっしょに暮らせる、うん。

お互いわがまま言いっこできるから。

東中野の赤提灯で太宰治と檀一雄と中原中也と私とが飲んだことがあった。と心平さんは書いている。一九七六年一月に亡くなった檀一雄を追悼する原稿のなかで。太宰、檀、中也、そして心平さんという豪華キャストにも驚くが、内容のくだらなさ、訳のわからなさがすごい。もしかしたら禮子さんの言う「昔の男ども」の空気感とはこういうことなのだろうか。

その時中原が太宰に花では何の花が好きだときいたら、太宰は桃の花と答えたように思う。その桃の花がきっかけになって九鱈《くだら》ない論議になった。論議は喧嘩にまで盛りあがった。そして表に出ろになった。表にでたのは太宰と中原ではなく、その喧嘩を買った檀一雄と私だった。二人は取っ組みあいになったのである。(略)私は中原の意地悪の側にたち、檀一雄は彼の優しさから起ったのだった。その時の取っ組みあいから私たちはむしろ親しくなった。それ以後檀一雄と喧嘩したことは一度もない。

（草野心平著「空漠の人・檀一雄」／「新潮」一九七六年三月号）

「そして表にでろになった」という一文のアホらしさがたまらない。この喧嘩の場面は、檀一雄が著した『小説太宰治』のなかにも登場する。四人の年譜から察すると、一九三四年頃のことだろうか。とすると、心平さんが三十一歳、中也が二十七歳、太宰が二十五歳、檀一雄が二十二歳。いちばん年かさの心平さんが、いちばん大人げなく、真っ先に「表へ出ろ」と怒鳴ったのかもしれない。

太宰も中也も早世したが、取っ組み合ったふたりは戦後の文壇を生き続けた。心平さんと檀一雄はいっしょに上海や西安やウルムチに遊び、九州をうろつき、新宿で、銀座で、互いの家で、飲みに飲みまくった。

「この地上で、私は買い出しほど、好きな仕事はない」と言っていた檀さんだから、肉屋や魚屋の店先でいい食材を見つけると上機嫌で買い求め、いそいそと學校に持ってきたのだろう。禮子さんのうんざりなど気にも留めずに。

まこちゃんに会うと、なぜか嬉しくなる

まこちゃんは……好ましい男のひとりでした。事務所が銀座にあって、あたしも昼間はあのへんで歌舞伎のお仕事をしていたから、割に地下鉄なんかで会ったの。それでも「お、会ったね」と言うくらい。相手のすることに対して、詮索もしなければお世辞も言わない。でも会うと嬉しい気持ちになる男でしたねぇ。

まこちゃんはね、見るからにお洒落をしているっていう感じじゃないんだけど、着古したものでもすてきなの。これぞっていうものにはお金をかけてらしたわね。スキーや山の道具もいいものを大事に使っていましたね。いま思えば、おあしもそんなになかったと思うの。だけど貧しいという感じはまったくなかったわね。

まぁとにかく、会うと「あぁ、今日はまこちゃんに会えた。なんかいいことありそうな」ってね、そんな気分になるようなお人でした。向こうはどうだか知らないけど、あたしはね、思いがけなく会えたら嬉しい。約束なんかしてなくてふと銀座かどこか

で会えたら嬉しい人。

學校にもよく見えていました。毎晩はきませんでしたけどね。まこちゃんはモテたからね。それから仕事も忙しかったのかもしれない。よそでもいろいろなおつきあいがあったんでしょうね。

心平さんは面と向かっては「辻くん」って呼んでましたけど、お酒が入るとみんな「まこちゃん、まこちゃん」って言ってましたね。あたしもそう呼んでました。ふふふ。辻さんなんて呼んだことないかもしれない。

いままた会えたら、あぁ、きっと嬉しいだろうなぁ。

禮子さんが「まこちゃん」と呼ぶとき、その声は憧れの人を語る少女のような風合いを帯びる。辻まこと(辻一)は、十歳以上年上の草野心平からも、十歳以上年下の山本太郎からも「まこちゃん」と呼ばれて、酒場ではいつも人気者だった。仲間はその姿をこんな風に活写している。

辻一は言はば万能選手だった。ギターをひき、歌をうたひ、スキーでは曾て教師もやり、「バア学校」の設計もやってくれた。（中略）彼は話術もうまく、言葉による彼の人物描写は適確でユーモラスで人を笑はせた。落語家のやうに自分は笑はずに他人《ひと》を笑はせるのではなくて、話し終ると先づ自分から笑ひ、それにつられて並居る人物達が皆笑ふといふ、臍曲りでない天衣無縫さであった。

（草野心平著「辻一に関する断章」／「歴程　特集辻まこと追悼」一九七六年五月号）

歴程の例会や、バーなどにぶらっと入ってくる辻さんには、どこか、一つぐらいあかぬけのしないというより無造作なところがあって、それが江戸弁で喋りまくるところは、僕のように地方に住んでいる人間には、すごく魅力あるものに見えたものである。（中略）とくにギターがはじまると僕など問題ではなかった。（中略）バーの女の子はわっと辻さんのところに集まってしまう。辻さんは、へんに悲しげな恋の歌を思わせぶりに歌ってきかせるなんてことは一度もなかった。面白い歌を、からっと歌ってきかせるのである。それが又何ともいえない優雅さをもっている。

（高内壮介著「辻さんの思出」／「歴程　特集辻まこと追悼」一九七六年五月号）

なんでも得意で、洒落ていて、それでいて気取り過ぎず、からっと歌い、人を笑わせる。辻まことについて語られるものを読むと、禮子さんがきゅんとなったのもうなずける。「あなたにも会わせたかったわねぇ」と禮子さんが言うたびに、「会いたかったなぁ」とうっとりするわたし。

でも。わたしは禮子さんに会うより前に、まこちゃんと呼ばれる人のルーツと人生の断片を、温度のない活字で読んで知っていた。だからその名を聞くと、無邪気にきゅんとなる前に、どこか痛いような寒いような心持ちになるのだった。

居候の達人だった辻まこと

小生はその誕生からして居候であり、居候として育ち、居候として成人した、現今まれなる居候族の生残りであり、時々労働者に堕落する日本アパッチのような気がしている。

（辻まこと著「居候にて候」／「東京新聞」一九六四年九月十四日）

と自ら記すように、辻まことはおそらく一生涯、世のなかや他者と一定の距離を保ち、さびしさと自由さを両方もっていた人だ。

母親は婦人解放運動家の伊藤野枝。十八歳で長男まことを出産した直後に野枝が平塚らいてふに書いた手紙の文面は「この子のため、これから私がどの位までに左右されるかと思うと情なくもなります。何だか恐ろしい気がします」である。子をもった喜び、ゼロ。野枝の素直な不安もわからなくはないけれど、これでは生まれたほうは「誕生からして居候」という気分にもなるだろう。

そして二年半後、野枝は思想家だった夫の辻潤とふたりの息子（まことその弟の流二）を捨ててアナーキスト大杉栄の元に走る。それだけでも充分スキャンダラスなのに、それから八年後の一九二三年、関東大震災が起きた九月、野枝は大杉と共に憲兵大尉だった甘粕正彦らによって殺害されてしまう。

さいわいにして当時小生は、至極五体健康な少年で、表へでて飛び歩くのがうれしくて忙しい単純な生物だったから、そして頭の働きの方はちょっと敏感でなかったせいで、甘粕事件で野枝さんが死んだなどときいても「へへえ」と思ったきりだった。それよりも、地震で学校の建物がペシャンコになって当分夏休が延長されたうれしさや、神社の神主が死んで、池のカメがとり放題だというニュースの方がよほど刺激的であった。

（「居候にて候」）

十歳のまことと少年は、他家の人になった母親を「野枝さん」と呼んでいたようだ。まことの父・辻潤がまた変人だった。辻潤が四十四歳、まことが十五歳のとき、ふたりでパリに行き二年間生活を共にした。それが人生でいちばんふたりが近かったときで、その後、辻潤の生活力のなさから家庭は崩壊していく。

辻潤の思想や言動を全く理解できたとは思わないが、その人間としての誠実や美に対する懸命な追求を低く評価することは、ボクにはできなかった。とはいえ、親爺として見る場合、息子にとっても他の家族にとっても、彼は無責任で無能な人物であり、哀れな弱虫であった。

家族の他の者は、そういう彼を憎んだり愛したり、怒ったり恐れたりした。ボクはといえば、軽蔑した。従って崩れていく家庭などにも親爺や家族にも、何の未練もなかった。これといって生計のメドがあったわけではなかったが、一人になって清々した気持だった。

（辻まこと著「父親辻潤について」／「本の手帖」一九六二年六月号）

辻潤はやがて精神を病み、「俺は天狗になった」と叫んで二階から飛び降りたり、虚無僧の姿で各地を歩きまわって警察に保護されるようになる。十九歳の頃から、まことはたびたび父の身柄を引き取りにいったという。それは父が放浪の果てに餓死するまで十年以上続いた。

その後まことは、山とスキーと絵とギターを愛する自由人としてのびのびと生きた。そして六十二歳で末期癌になり死期を悟ったとき、自ら首をつって死ぬ。酒場で朗らかにギターを弾いてみんなを笑わせたくせに、最後はぜんぶひとりで始末しちゃう人だったのだ。それが居候の去り方、なのか。

まこちゃんが酒場學校について書いた文が残っている。禮子さんのはなしによく出てくる「キンちゃん」の姿も見える。

新宿御苑前の「学校」へ寄る。始業五時半終業十一時の夜学である。（中略）ここへ出席すると同級生、同窓生の誰かが顔をみせていて、とうてい静かに酔うなんてぐあいにはいかないが、なにしろホームグラウンドに帰ったという気持になる。草野心平校長はたいていいないが、一向に退屈はしない。

銀座で紳士、新宿でソフィストの名高き、高橋錦吉氏は開校以来欠席をほとんどしないという優秀さで、カラまれるとウルサイというのでバラ線の旦那という人もいるが、聞くと会うとは大ちがい「それがどうした　それがどうした」とつめ寄るソクラティク・アイロニイは傾聴に値する魅力あり、校長にかわって目下講座を受持っている。

（辻まこと著「ちどり足に続くハシゴかな」／「本の手帖」一九六三年七月号）

ふふ、楽しそう。もしかしたら學校は居候たちの居場所だったのかも、と思う。

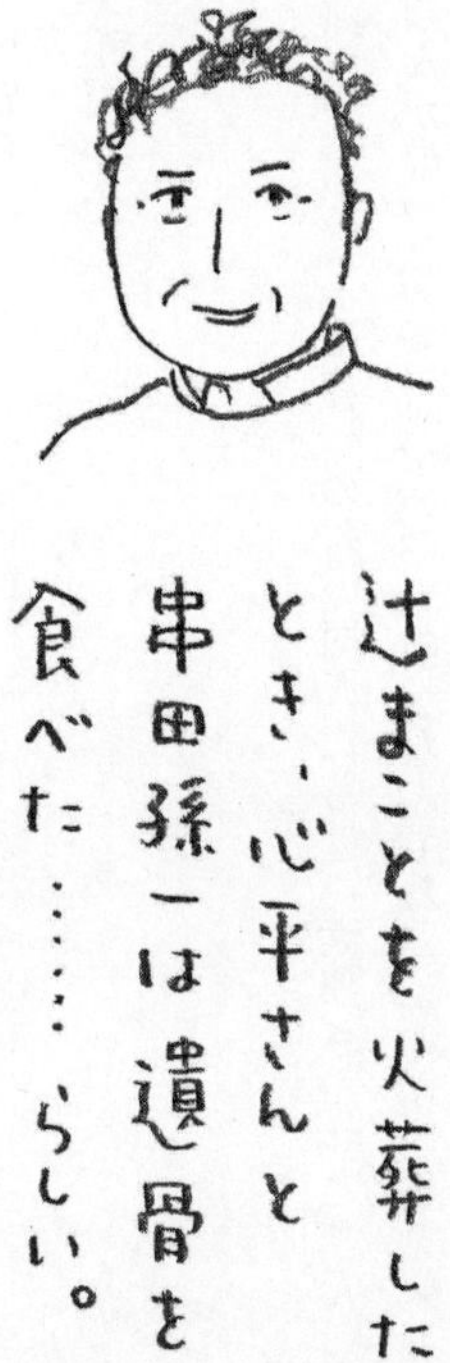
辻まことを火葬した
とき、心平さんと
串田孫一は遺骨を
食べた……らしい。

山本太郎は大きな少年だった

あたしにとって、太郎は太郎ね。「歴程」の若い同人たちは「太郎さん」と呼んでいましたけど、あたしなんか酔っ払うと「やい、太郎」なんてね、ふふふ、生意気ですね。

太郎はずんぐりした体格でね、いかにも大きい、という感じ。背も高かったから、お人とはなしをするために猫背になるのね。体をつづめて、それでも大きいの。立派なお鼻でね。そして「フン」なんて言っているの。

母方の伯父さんが北原白秋で、お父さんは絵描きの山本鼎。そういうおうちの影響もあったのかしら、太郎という人は少年っぽいのが死ぬまでなくならなかった男だったなぁとあたしは思っています。誰かが男と女の噂ばなしをするでしょ、酔っ払うとそういうはなしをする人っているのよね。でも太郎はそういう話題はあんまり好きじゃなかったみたい。「いいじゃないか、そんなこと。人を好きになるのはいいことだ」なんて言うの。下世話な噂ばなしをするのは聞いたことがない。それでいて、旅とか山とかスキーのはなしになると、生き生きとしゃべってましたね。

太郎は惚れっぽい男でね。よく女の人のことを好きになっていました。その相手が好ましい人だったらあたしもおとなしく聞いてましたけど、好ましくない女だったら「ふーん、よりによってあんな女」なんて、ふふふ、あたしわざと意地悪を言ってました。そんなに多くの人とつきあったわけじゃないと思うけどね、最後に夢中ンなった人はどこかの学校の国語の先生でね、いかにも心平さんの店には有名人がくるから自分もくる、というような……そういう人っているでしょう？　「學校で飲んでたら誰それに会った」みたいな自慢をよそでしそうな……ね？　その女の人はひとりでくることはなくってね、友だちとふたりでくるの。それで太郎が夢中になっちゃった。太郎は五十代で、その女の人は三十を過ぎていたかなぁ。あたしは嫌いだったから、「なにさ、ほかにいっぱいいい人もいるじゃない」なんて言ってました。そうすると太郎は「そんなこと言ったって。彼女にもいいとこあんだぞ」なんてね、少年のように言うわけ。

太郎の奥さんはしっかり者でね。太郎はすぐほかの女の人を好きになるんですけど、それでも太郎と奥さんは幼稚園からのつきあいで、ずーっとほんとに好きだったと思います。きっと奥さんにはかなわなかったんじゃないかしら。子どもの頃から奥さんはいつもいちばんでね。だからあれも宿命というか、妻があんまりしっかりしているもんだから、自分に優しくしてくれるような女の人に会いたかったんじゃないかしら。そうとでも思うしかないような、そんな好きになり方をしていましたねぇ。けっきょくさびしがり屋だったのね。

太郎を嫌いだという人には会ったことない。まこちゃんもそうだけどね。でも、まこちゃんにはみんな一目置いているから、お行儀よくしなきゃという気持ちがどっかにあったのね。それにひきかえ太郎ときた日にゃ……ふふふ、子どもをそのまま大人にしたような男でしたから。あんなにみんなに好かれているんだから、さびしがることなんてないんじゃないかと思うんだけどね。さびしがり屋だったわねぇ。

あ、そろそろ酒屋さんに電話しようか。ここんところお酒が売れないの。あたしの売り方が悪いのかしら。（電話をかける音）

太郎さんは、禮子さんより九歳年上の一九二五年生まれ。父親の山本鼎は、惚れた女といっしょになれなかったためにフランスへ渡ったという当時としては風変わりな経歴をもっていた。パリで苦学したのち、帰国途中に寄ったモスクワで農民たちがつくる素朴な民芸品に出合って感銘を受け、日本にも農民美術を根付かせようと運動した。熱い思いでどんどん行動するタイプだったみたい。けっきょく北原白秋の妹・家子をめとり、ふたりのあいだに生まれた長男が太郎さんだった。

けっして裕福ではない芸術家の家に育った太郎さんは、敗戦間際には魚雷艇の特攻要員だった。そこから生還し、東京大学独文科を出て詩人になった。

遠くには　はじまりがある
とひとりがいった
遠くには　おわりがある
とひとりがうなった
いや遠くには　まんなかがある
と三人目が腕ぐみをした

太郎さんは六十歳の頃、東京新聞の夕刊に近代詩を毎日一編ずつ紹介するコラム「詩のこころ」を連載していた。そこに載せた自作の詩「三人旅」。こんな解説が添えられている。

もう三十年来、心しれる友と三人旅をしている。テントや自炊道具を担いで日本全土をほぼくまなくめぐり、病こうじて欧州はおろかアフリカ、中近東まででかけるしまつである。（中略）旅してわかったことは「遠くにはもっと遠くがある」という平凡なリアリズムで、六十年歩いて、まだそんな平べったい場所をうろついているのかと、お恥ずかしい話じゃあるが、なんとか「まんなか」を願う気持だけは燃やしつづけていたい。

むふふ。「子どもをそのまま大人にしたような」と禮子さんが評した人は、「旅してわかったことは、遠くにはもっと遠くがあるということ」なんて言うのである。サハラ砂漠に丸い土俵を描いて相撲をとろうとした、とか、アイルランドの街道の分岐点にあった藁葺き屋根の飲み屋を「峠の茶屋」と名付け、ギネスビールに酔いしれて店主のアコーディオンにあわせてドシンドシンと踊りまくった、とか。旅に同行した人が書き残している太郎さんの姿はじつに無邪気だ。きっと旅から戻ってくるとのっしのっしと酒場學校にやってきて、道中のエピソードを生き生きと披露したのだろう。そうして禮子さんをたくさん笑わせたのだろう。

新宿一丁目の、天井裏をネズミが走る建物で二十九年続いた學校は、一九八八（昭和六十三）年に立ち退きを迫られ、その年いっぱいで店仕舞いすることになった。ホテルを借りて大々的に催された「閉校式」の案内状を書いたのは太郎さんだった。その全文を以下に記す。

「バー學校」閉校さよならパーティ

草野心平が「道はどろんこ。だけんど。燃へる夢のほのほ。」（火の車の歌）と歌って橋本千代吉を助手に居酒屋「火の車」をはじめたのが昭和二七年。六〇年安保デモのさなか心平さんが「バー學校開店」のビラをくばってからでも茫々二十九年、夜学の扉は見事ひらきつづけ、お互いよく学んだもんだと思います。酒に別腸あり、酒は詩を釣る色を釣るなどといいますが、眼前に酒、横に友あれば哀歓こもごもいたり、人生ヨカヨカ塞翁が馬の桃源郷でもありました。僕達、卒業見込のまるでない酔書生は、刻の凍結したあの大時計の真下、時に深夜下校を告げる鐘をきき、足利学校の大扁額にみつめられカンカンガクガクの春秋をすごしたものです。忘れ難き多くの個性がゆきあい、通り過ぎていきました。

園生裕一郎の協力と辻一の設計で開かれた「バー學校」のカウンターの向うにいた校長草野心平もいつか酔客の一人となり、山田久代から井上禮子へと飾り気のないふしぎな色香を人気につづいてきました。

そしていま、「火の車」以来の灯がついに消えるといいます。創業以来の庶民的な寺子屋流を守り、ビル化の波をしりぞけ、自ら灯を消そうというのです。

名残りはつきませんが、酒呑童子・スッテン童女・終電小僧に有明おんななど、OB、OL、現役あい集い、師走の一夜、終業式の盃を盛大にあげようではありませんか。新旧こもごも懐かしい顔の、ふるっての御参加をお待ちしております。

一九八八年十一月

「バー學校」終業式発起人一同

だが太郎さんは、案内状の原稿を書いた直後、六十二歳の若さで急死する。珍しく人前で涙を流してその死を嘆いたという心平さんも、それから一週間後、追いかけるようにあの世へ行ってしまった。こちらは八十五歳。だから初代學校の閉校式は、ふたりの重要人物を欠いたまま執り行われたのだった。

「現代詩手帖」（一九八八年一二月号）には、詩人仲間の宗左近が目撃した太郎さんのこんな姿が紹介されている。

太郎さんは、どういう人物なのか。

粟津則雄さんの愛犬のコリーと、はじめて出あったとき、いきなり口をあわせて、太郎さんは咬みあった。友だちになるためである。ここに、太郎さんの真骨頂がある。

生きている生命そのものと咬みあう。太郎さんは、それしか願わなかった。行動も、作品も、そこに集中した。観念や状況、理論や社会、そんなものには目をくれなかった。

（宗左近「文字の天才よ」）

骨太な詩人は、歯が強い。心平さんは子どもの頃「歯ぐせ」が悪く、なにかあるとすぐに噛んだという。本をかじり、鉛筆をかじり、近所の子どもたちは家の人に「言うことをきかないと心平さんにかじられるぞ」と言われたとか。そして太郎さんは犬と友だちになるために噛み合うのである。頑丈な歯で生をまっとうした詩人ふたりがいなくなって、一九八八年十二月、初代の學校は姿を消した。

古田さんのグローブみたいにぶ厚い手

新宿一丁目にあった學校が閉校してから七年後、一九九五年十一月二十九日、ゴールデン街に言わば第二次の學校がオープンした。店主は禮子さん。「學校の屋号で、もう一度お店をやりたい」と初代のママだった山田久代さんに相談したら、「嬉しい。ぜひそうしてほしい」と背中を押してくれたという。

禮子さんが始めた新しい學校。その正面には一枚の写真が飾られた。心平さんと筑摩書房の創設者・古田晁《あきら》のツーショット。「あの写真は?」と尋ねるお客さんに、禮子さんはいつも嬉しそうに答えた。

「心平さんとふるたんぼ。いい写真でしょ」

わたしは禮子さんの昔語りのなかでも、古田さんのはなしがとりわけ好きだった。

あたしが巡り会った男の人で、「あぁ、この男ならば」と思う、数少ない男ですね、古田さんは。まぁ、心平さんもそうだけれど。けっして人を傷つけたりするようなことをなさらなかった。ほんとに昔の男という感じ。余計なことを言わないし、いるだけで心が安心みたいな。心が安心なんて、おかしな言葉ね、ふふふ。

卑しいところがまずない。陰口も聞いたことがない。きっと言いたいことがあったら面と向かっておっしゃるんでしょう。でも人のいる場では議論はなさらないわね。飲むときは楽しいお酒でいたい、という人でした。

心平さんと古田さんは気が合ったんだと思います。なんにも言わなくても「やぁ」って言うだけでぜんぶそれで済んじゃうような、ね。心平さんは、古田さんと会うと嬉しそうなのね。ただもう、会ったことが嬉しいな、という感じ。

手がね、グローブみたいなの。ほらあの（写真の）手を見てごらんなさい！　酔っ払うと、やたら隣りの人の背中を叩くの。それは大きな手で、御身も大きいからね、ご自分では軽く叩いているつもりなんでしょうけど、翌日赤くなるの。あたしもたまたまお席が隣りになると「あぁ、明日はきっとこのへんが赤くなるなぁ」なんて思いました。ふふふ。でもね、それがぜんぜん嫌じゃないの。翌朝赤くなっていても、「あぁ、古田さんの普段めったに表に出さない熱い思いがここ（叩かれた場所）にある

學校の壁に飾られていた
吉田さん(左)と心平さんの写真。

んだな」なんて思いました。

もうね、みんな酔っ払うと「ふるたんぼ、ふるたんぼ」なんて言ってね。古い親しい人間のなかに「古田さん」なんて言う人はまずいない。「やい、古田」とか「ふるたんぼ」なんてね。あたしも言っているんだから生意気です。心平さんは割にそういうところはお行儀がいいのね。酔うと「古田」って言いますけど、普段は「古田くん」って呼んでいました。

あるとき古田家の息子たちが「作家に対して使うお金はあるのに、俺たちはお小遣いにも事欠いて……」みたいなことを言っていたのを聞きました。もちろん父親を尊敬して言っているのよ。古田さんという人は、貧しい物書きにせっせとお金を渡した人だったんだと思います。この人は、と認めた人に対しては、家族よりも優先してお金を使っちゃう人なんでしょうねぇ。そういうところって男の人にはあるんでしょうねぇ。

古田晁は一九〇六（明治三十九）年に長野県東筑摩郡筑摩地村に生まれた。故郷の名を冠した筑摩書房を興したのは一九四〇年、三十四歳のとき。

筑摩書房が最初に世に出した本は中野重治の『中野重治随筆抄』だった。当時、中野重治といえばプロレタリア文学の書き手として当局に検挙されたり、執筆禁止の措置を受けたりしていた要注意人物だ。しかし古田さんはそんなことは一向におかまいなく、中学の同級生で筑摩書房をいっしょに立ち上げた盟友・臼井吉見と連れ立って中野の家に執筆を依頼しに行った。多くのメディアがお上の顔色を気にする時代に、「あなたの本を出したい」と言ってくる人間がいたことに中野重治は感激した。

古田さんのお葬式で中野が読んだ弔辞に、そのはなしが出てくる。

（前略）君と僕との間にあったのは文学ではなかった。出版者と執筆者との関係であった。そしてそこに、僕として特別のことがあった。君が、君の仕事のそも〳〵の最初に僕のものを取上げてくれたからである。一九四〇年六月のことであった。それは戦争の時期であった。あの頃の模様の中で、それは僕の鞭撻でもあった。僕は感謝する。（中略）

一九四一年十二月九日、太平洋戦争が始まった翌日、中野宅に警察が来るが不在であったため難を逃がれた。そのあとも仕事はほとんどない。それでも古田さんは自社の最初の著者である中野に思いを寄せ続けた。中野の子どもが病気になれば、食糧難のなか蜂蜜を探した。警察に「手記」を書いて提出せよと言われたのになかなかそれが書けなかった中野を信州の実家に招いて、執筆に専念できるように世話をした。さらに中野が出征したあとは、残された家族に絶えず金を送ったらしい。それなのに。中野の弔辞にはこんな事実が綴られている。

戦争がすんだ。筑摩は再び仕事を始めた。そして筑摩から連絡が来た。戦争がすんで新しくまた仕事を始めるについては、これまでの貸借関係はいちおう御破算にねがいたいというのだったからボクはおどろいた。（後略）

（弔辞は『古田晁記念館資料集』による）

さんざんお金を貸しておいて、「新しい時代になったから、これまでの貸借関係はチャラにしてください」と願い出たとは。古田さん、かっこよすぎるぜ。

太宰治の死をなんとかして食い止めようと奔走したのも古田さんだった。太宰が玉川上水で心中したのは一九四八年六月十三日。最後の長編となった『人間失格』は、筑摩書房の月刊誌「展望」に連載するため、その年の三月八日から五月十二日にかけて執筆された。その間、古田さんは太宰を熱海の旅館に泊まらせたり、当時自分が住んでいた大宮で生活させたり、とにかく東京から遠ざけようと心を砕いた。太宰が弱っていること、死を決意していることを古田さんは察していたらしいのだ。

いよいよ切羽詰まっていく太宰を目の当たりにした古田さんは、太宰の師である井伏鱒二のところへ行って「このままだと太宰はダメになってしまう。いまが瀬戸際だと思う。自分が郷里で食糧を調達するから、準備が整ったら御坂峠の茶屋で太宰といっしょに一か月くらい暮らしてくれないか」と嘆願した。そして食糧の調達のために信州に向かったのだが、すんでのところで間に合わなかった。古田さんが東京に戻ってくる前日に太宰は命を絶ったのである。

しかも死の前日、太宰は自宅のある三鷹からはるばる大宮へ、古田さんを訪ねていた。もちろん、信州に出かけていて留守だった古田さんとは会えずじまい。あとからそのはなしを聞いた古田さんは

「会えていたら太宰さんは、死なんかったかもしれん」

と言ったという。これ以上の痛恨事はなかっただろう。

これらのエピソードは、野原一夫著『含羞の人　回想の古田晁』に記されている。古田さんの死後、野原氏が当時の関係者を取材して事実を掘り起こしたものだ。古田さんは生前、井伏鱒二に相談に行ったことも、太宰が死の前日に訪ねた唯一の人間が自分だった事実も誰にも語らなかったらしい。人間の品とはこういうことなのかなぁ。しびれるなぁ。


でも古田さんが魅力的なのは、かっこいいだけではなかったところ。はた迷惑な、ぐだぐだのずぶずぶの酒飲みだった。

惚れ込んだ作家を全力で守ったおかげで会社は傾いた。社員の給料遅配。金融業者からの借金。手形不渡りの危機。古田さんは毎日金策に走り回り、ヘトヘトになり、苦悶を酒で紛らわせた。

一九五〇年代前半の古田さんは、心平さんが學校以前にやっていた居酒屋「火の車」で、ひたすら苦しみをぶつけるような乱暴な飲み方をした。激しさでは負けていない心平さんが受けて立ち、しかしときには受けとめ切れず、古田さんは暴走した。火の車を手伝っていた橋本千代吉さんが書いた『火の車板前帖』には店の迷惑も顧みず、夜討ち朝駆けで飲みにくる古田さんの姿が描かれている。

「ドン！　ドン！　ドン！　ドン！　ドン！　ドン！」

寝入りばなの夜明けを、先刻から山鹿流陣太鼓よろしく間合きめて表戸を叩くのは、言わずと知れた古田さんである。

（中略）

もう、ダメだ、と私は観念する。

とてもこの人の侵入をふせぐことはできない。この人はさむらいなのである。おそらく少しく顔をかしげ、眼鏡の奥は朦朧《もうろう》、口は堅く結び、姿勢を崩さず、泰然と叩いているのであろう。

（中略）

ズボンをはくのももどかしく飛び出してゆく。

「おい！　酒ッ」

「心平、いるか」

「おい心平、起きろ」

たまったものではない。正に大颱風襲来である。

（橋本千代吉著『火の車板前帖』）

「上海帰りのリル」が古田さんの十八番だった。上海で別れた恋人を捜し続ける男の心情が描かれた一九五一年の流行歌。店を閉めようとしている時間に、路地の向こうから古田さんのこの歌が近づいてくる。それが千代吉さんには恐怖だったという。同書には、この歌をめぐる古田さんと心平さんの立ち位置の差が、味わい深く記録されている。

「……どこにいるのか、リール　だれかリールを知らあないか？」

当然私はこの唄を知ってはいたが、心平さんは全く知らない。心平さんはほとんど流行歌に関心はなかったし、むしろ唾棄《だき》し嫌悪していた。

（中略）

その心平さんがしきりとこの唄に感心しているふうなのである。もっともあまり普段古田さんの唄を聴かないその物珍しさもあってのことかと思いながらお燗番などしていると、

「古田らしいよ」

「ハ？」

「何処にあるのか？　ビール、か」

と、あとは声にならない含み笑いをしている。

おそらくこの当時、この唄をうたう古田さんの心境を、きわめて漠然とではあったが思い当たるフシがないでもないような気がしていた。その古田さんのセンチメンタルに托した心情が心平さんには一向に通じないばかりか、妙な感心の仕方をされてしまっている事が私にはかえって面白かった。

「何処にあるのか？　ビール」のほうが詩的リアリティがあり、それを古田さんがうたうというところに感心したのだろう。だいぶ後になっても、心平さんはこれを古田さんの作詞だと思っていたようだ。


（『火の車板前帖』）

詳細はなにも語らず、ただ歌い、酔いを深めていく古田さん。それを、センチメンタルなんてクソ食らえの心平さんが、勝手に誤解して感心している風景にニヤニヤしてしまう。

ある朝は、ひとり寝の私の枕辺に「チンチン」とビールの口金を栓抜きで叩く音が聞こえるのである。どこから入ったか古田さんが勝手に冷蔵庫からビールを持ち出し、グラスを二つ手にして、

「さぁ、千代ちゃん、呑もう」

と、時には母のない子のようにいうのである。

「リルなんて、どこに行ったっていないよネエ」

見れば涙滂沱なのである。

（『火の車板前帖』）

千代吉さんの手による古田さんの描写は、どこまでもおかしく、そして切ない。一

方で、文芸評論家の小林秀雄が書く古田さんの男泣きの情景はまた違った色合いを帯びている。

或る夜更け、神田の或る酒場で、この巨漢が号泣する様を、茫然と見守っていた事がある。何が悲しくて泣き出したのか、私は知らなかったが、今や、そんな事は当人にもどうでもいい、つまらぬ事だ、ただもう悲しいという姿で、烈しく泣いている。その一途な様を見ていて、これは壮観と呼ぶべき光景であるとふと私は思った。

（小林秀雄著「古田君の事」／「文藝春秋」一九七四年一二月号）

古田さんについて書かれたものを読むたび、禮子さんの「あぁ、この男ならば」という言い方がよみがえる。禮子さんから古田さんのはなしを聞く時間はとても豊かだった。わたしは「グローブみたいに大きな手」のはなしは何度もねだった。叩かれるとほんとうに痛くて、でも嬉しかった、というはなしを聞き終わるといつも、禮子さんとふたりで學校の壁にかかった写真のなかの古田さんを眺めた。その、笑った口元と右手を。

ふうむ。人生で、「あぁ、この男ならば」の男には、そうそう会えるものではない。

茫洋と黙々と心平さんと過ごした時間

二〇一〇年十一月、福島県川内村で心平さんの二十三回忌法要があった。禮子さんや學校の常連さんたちといっしょに電車とバスを乗り継いで出かけた。おやつをもって、ビールを買って、大人の遠足。

川内村には、晩年の心平さんが多くの時間を過ごした茅葺き屋根の別荘「天山文庫」が建っている。周辺には樹齢千年の杉や、モリアオガエルが住む沼や、田んぼを見下ろすお寺など、心平さんを喜ばせた素朴な風景がいまも残る。わたしたちが訪ねたわずか四か月後に大地震と原発事故に見舞われ、全村民が避難することになるのだが、そのはなしはひとまず脇へおく。

お寺に着くと正面に心平さんの写真が飾られており、ひとりずつ手を合わせた。禮子さんは杖をつきながらゆっくり心平さんの写真の前に出て、笑いかけた。そして

「心平さん」

とひとこと。少し照れたような、甘えたような、これから楽しいはなしを始めるような、柔らかくて艶のある声だった。あぁ、禮子さんは何百回も何千回もこんなふうに心平さんに呼びかけたんだろうなぁと思った。

禮子さんのはなしに登場する心平さんは、いつも穏やかだ。ゆっくりと言葉を選ぶ禮子さんの表情に、ふたりで過ごした時間の滋味がじんわりとにじむ。

心平さんは余計なことを言わない人。こちらからなにか聞かない限り、ずーっと黙ってますねぇ。自分から喧嘩になるようなことを言ったりはしないし、ほんとに無駄なこと、余計なことは言わない人。

あたしがお店を手伝ったころは、もうご自分ではお肴をつくることはなくなってましたけど、お正月におせち料理をつくってくれたことがありました。その頃、あたしは恋人がドイツに行っちゃって、ひとりだとさびしいでしょ。だから大晦日からずっと心平さんの家で過ごしました。山田さんと三人で。心平さんが「おいで」って言ってくれたのかな。ま、心平さんの場合は「おいで」とも言わないけど「帰れ」とも言わない。そんな感じなの。

心平さんのおせち料理はきちんとしていた。いいかげんなところがなくて、丁寧で、盛りつけも誰が見てもきれいによそってくれるの。むしろ山田さんのほうが、忙しいとか機嫌が悪いときはいいかげんなことが多かったわね。おせちでおぼえているのは、お煮染めなんかとても美味しいし、数の子やなんかもきれいに処理するの。山田さんが数の子をすると、いっぱいあのワタみたいな筋みたいなのが残っているのね。まぁ山田さんは心平さんに惚れてたから、わがままで甘えてそういうことになったんだと思います。

心平さんとふたりで過ごす時間も多かったですね。あたしがお店に出ているとき、早い時間に心平さんがひとりで見えて、ふたりきりで過ごしたこともあります。おうちに行って山田さんがいないときもあったしね。

心平さんとはどれだけいっしょにいても気詰まりがないの。心平さんのうちにいると、「レイちゃん、なんかつくろうか?」なんて言って料理をしてくれました。畑をしてらしてね、ご自分で育てたお茄子《なす》とかキュウリで料理してくれました。もちろんお酒もあってね。後片付けはあたしがしました。その頃、テレビもなかったと思うの。ラジオを聴くなんてこともあんまりなかったし。ふるたんぼのこととか、太郎のはなしとかね、そんなことを話していたんでしょうかね。それも密に話すという感じじゃなくて、「こんなこともあったんだよ」とか「それは太郎らしいな」なんてね、そのくらいのこと。それから飼っている犬のはなしとか、鯉のはなしとか。

あたしはいまではこんなにおしゃべりですけどね、ふふふ、その頃、心平さんの前ではそれほどしゃべらなかったと思います。だからふたりとも黙っているの。それでも気詰まりがない。まぁ、なんでしょうねぇ、おじさんと姪っ子みたいな感じだったのかしら。

心平さんが親戚のおじさんだったら、ずいぶんおもしろかっただろうと思う。たとえば一九四九年に育ての母が亡くなったとき、四十六歳の心平さんは葬式でこんな挨拶をする。

母さんが亡くなられたのは残念です。ことに物資や金もなく、悪い環境のなかで亡くなられたのは気の毒です。もっと生きていてもう少し安心して死んで貰いたかったと思います。けれどもいまの状態では楽しく生きてもらえるのはいつか見当もつきません。あの世の方が安穏かもしれません。兎も角、いまになってはもう、あの世で永生きしてもらうより他ありません。そこで母さんの万歳をとなえたいと思います。

（草野心平著「葬式の万歳」／「新論」一九五五年）

それで兄弟親戚一同そろって、まじめに万歳を唱和したという。心平さんはそのときの心境を「なんとも変にかなしかった。」と書き残している。「あの世で永生きしてもらう」だって。万歳だって。なんだろう、この筋が通っているようないないような、へんなおかしみは。

心平さんは、一九〇三（明治三十六）年五月十二日、福島の浜通りで生まれた。いまの地名では、いわき市小川町。磐城中学に入ったものの不良となって退学、上京して慶應普通部に編入するがそこも居心地が悪く、十七歳で単身中国の広州に渡った。一九二一年当時、広州は民主化運動の拠点だった。入学した嶺南大学で日本人留学生は心平さんひとり。大学の周りには、バナナやパイナップルやパパイヤが茂っていて、黒毛豚が道端の泥に顔をつっこんで鳴いていたという。そんな環境で心平さんは突如、詩に目覚めた。「マシンガン」とあだ名されるほど詩を書きまくり、謄写版で詩集や同人誌を手づくりした。

それらはみんな広州のちっちゃな邦字紙「広東日報」の炊事場でつくった。鉄筆から製本まで全部独りでやったのだが、近くの鶏や家鴨などの鳥市場の臭気だけが記憶に残っているのは、本づくりは大して苦労と思ってなかったからだろう。

（草野心平著『わが青春の記』）

広東語と英語がとびかう異国の鳥市場の横で、せっせとガリ版を切っていた心平さん。音と臭いと熱風と。野心と焦燥と孤独と。混沌の青春時代が、心平さんの人生の根っこをつくった。

抗日運動のさなかだったにも関わらず、心平さんはたくさんの中国人の友人をもった。広東時代にもっとも感動したのは、関東大震災が起きたときの同級生たちの行動だったと述懐している。講堂で自治会主催の学生大会が開かれ、学生たちが代わる代わる立って演説をした。「日本政府が中国にやっていることに対しては反対するが、被災した隣人は助けたい」という意見が大半で、東京と横浜の罹災者へ救援物資を送ることが決まったという。

僕は、中国から見ていて日本がよく分かったような気がしたね。排日運動をやりながら、震災では日本を助けようとしている。逆に、日本では震災で朝鮮人虐殺をやっているという記事が出ているわけだ。日本から見たら、少なくとも当時の朝鮮という国は、日本と同胞の立場であるべきだという考えがこっちの頭にある。それなのに虐殺、虐待とは何事だ、という感じを持った。遠くから見ていて、それがよけいにはっきり見えるんだな。それに比べて、排日運動をやっていながら日本へ救援の手を差しのべようという中国、これはちょっと大人だな、かなわない、という感じが実にあった。これは大きな勉強だった。

（草野心平著『凸凹の道』）

そうして。心平さんは、日本と中国のあいだで戦争が不可避になったら自分は銃口を日本に向ける、と思い決めた。日本政府がやっていることは半植民地化で、それは倫理として通らないことだと思ったという。二十一歳の心平さんがそんなふうに考えていたことに、かつて二十一歳の大学生だったわたしは共感し、卒論のテーマに心平さんを選んだ。「詩は短いから、読むのが楽ちんだ」という安易な理由ではなかったのである。えへん。

心平さん、貧乏のはなし

しかし一九二五年に「五・三〇事件」という反帝国主義運動が起こると、広州の日系企業も標的となり、心平さんは帰国を余儀なくされる。東京に戻った心平さんは、先に来日していた中国人の詩人仲間、黄瀛《こうえい》の下宿に転がり込んだ。黄瀛は「君はここでも、たったひとりの日本人だ」と笑った。九段下にあったその下宿に住んでいるのは中国人ばかりだったから。

以後三十余年、心平さんの人生は赤貧のなかにあった。その貧乏エピソードは壮絶で、だけどやっぱりどこかおかしみがある。

二十五歳で結婚したあと、二年ほど前橋に住んだが、ちゃぶ台の代わりに新聞紙を敷いていた。真冬に炭が買えず、押し入れの桟やふすまをひっぺがして燃料にした。ふすまがなくなったところは風呂敷を鋲でとめて隠していた。そこへ遊びにきたのが友人の伊藤信吉。ふたりの対談による回想から引く。

草野　（略）君が来て、それに寄りかかったんだよ、君。そのままずっと押入れの中に入ってしまったんだ。

伊藤　そう、そうだった。とにかく火のないこたつだし、変なところへ来たもんだと思ったね。

草野　誰かがくれた鮭一匹が、たった一つの装飾だったな。柱にしばっておいて、片方からはさみで削って食べていたんだ。前を食い、裏返して後ろを食い、しっぽから骨、最後に頭と、全部食べた。歯は丈夫だったね。だから鮭の骨を食うなんて、わけなかった。鮭の歯とおれの歯とどっちが堅い、なんて言いながら何も残さずに全部食べてしまうわけだ。

伊藤　うん。鮭をはさみでちょんぎって食べていたのを見たことがあるもの。

草野　あのころは包丁もなかったんだもの。

（草野心平著『凸凹の道』）

あまりにもお金がなくて、花巻に住む詩人仲間の（しかし面識はない）宮澤賢治にべ「米を一俵頼む」と電報を打ったこともあった。心平さんのなかでは、宮澤賢治はベートーベンを聴きチェロを弾きながら大規模農場を経営している富豪のイメージだった。が、実際その頃の賢治は農学校をやめてひとりで農耕自炊の生活に入ったばかり。しばらくして「これを足しにしてくれ」という手紙付きで造園学の本が一冊送られてきたという。

前橋から東京に戻った心平さんは、麻布で屋台の焼き鳥屋「いわき」を始める。だが朝から晩まで休みなく働いても、まったく食べられなかった。妻と子どもたちに加えて、弟、義理の兄弟とその家族……と、とにかく養う家族が多すぎた。

焼き鳥は一本二銭。なかにはお釣りの二銭か四銭をチップだと言って置いていく客がいる。心平さんは癪《しやく》に障《さわ》って、他人の自転車を借りてその客を追いかけて行って、チップを叩き返す。「なんだ、チップをやったのに受け取れねえのか」「チップなんていらねえ。そんな薄汚い商売をしてるんじゃないや」と往来で殴り合い、そしてブタ箱行き。というようなことをやっているので、儲かりっこないのである。

焼き鳥屋の備品を買うお金欲しさに詩集をつくって売ったこともある。そもそも詩では食べられないから飲食業をやっているのに、もうなにがなにやら。ただ必死さだけが伝わってくる。もちろん中国留学時代と同様、ひとりでガリ版を切り五十部刷った。こうして詩集『明日は天気だ』が完成したが、最後に収録されている「風邪には風」という詩は、終盤に

（以下五十九行略ス）

と刷られて唐突に終わっている。手持ちの原紙が尽きてしまったためだ。詩集は五十部すべて売り切ったが、けっきょく現金は米に消え、欲しかった自転車も備品も買えなかった。

戦時中は中国の南京政府の宣伝部にいたが、終戦後、全財産を没収されて帰国。そして再び悲惨な日常が始まる。福島のいわきで貸本屋「天山」をやり、東京で居酒屋「火の車」をやったが、いずれも満足に食べられるだけの収入はもたらさなかった。

日が暮れてきても夕飯の米がない。そこでなにか米と交換できるものを探し出して、それを持って方々をかけずりまわるという暮らし。

問題は、相変わらず扶養家族が多いことだった。その上、食い詰めたり行き場を失った知人がどんどんやってきて居候になる。いっときは十八人の大所帯だったこともあるという。居候の高橋某が置き忘れた印鑑を、自分のものと勘違いした心平さんが実印として役所に届け、役所の人もちゃんと確かめずにそれを受理してしまったなんてヘンテコなはなしもある。そのため心平さんの実印は四角に「高橋図書之印」と彫られたものだったとか。「高橋って誰だっけ。おぼえてない」とぼやく心平さん。ひたすらもう混沌なのである。

一九五〇年に第一回の読売文学賞に選ばれたとき、心平さんが真っ先にしたことは新聞社に出向いて賞金を前借りすることだった。一九五四年に読売新聞の夕刊に小説を連載した際、心平さんの貧乏ったらしい姿を見かねた新聞社の文化部長が「いまのうちに背広をつくりなさい」と提案してくれたが、けっきょく原稿料は借金返済に消えた。心平さんが人生で初めて背広をつくったのは一九五六年、五十三歳のときだとか。その頃、ようやく貧乏暮らしから少しだけ抜け出したのだった。はー、長かった。

心平さん、喧嘩のはなし

よく「喧嘩の心平」なんて聞くんですけど、あたしは心平さんが取っ組み合いの喧嘩をしたり、激しく誰かと言い合ったという場面を見た記憶がほとんどないのね。酔っ払うとそうとうひどい喧嘩もするって言われてますけどね、若い頃はそうだったのかもしれないけど、あたしが知ってる心平さんはそんなことなかった、うん。だけどほら、シラフじゃなにも言えないくせにお酒が入ると絡んだりする人がいるでしょう。そういう人がいたら心平さんは「君はそう思うのか。でも僕はこういう人間だし、こう思う」ってはっきりおっしゃってましたね。たとえそこから喧嘩のような感じになったとしても、あたしは心平さんの言い分のほうが正しいと思って聞いていましたけどね。そもそも心平さんに絡むような男はあたしの嫌いな男だから、ふふふ。

禮子さんはたびたび、心平さんをかばうように「あたしが知っている心平さんは喧嘩なんてしなかった。酔ってひどい喧嘩をしたのは若い頃のはなしなのだ」と言った。

心平さんの喧嘩は有名だ。とくに居酒屋「火の車」時代の喧嘩については多くの記述が残っている。火の車をやっていたのは四十九歳からの四年間で、はっきり言ってぜんぜん「若い頃」じゃないけど。

心平さんを手伝って火の車の板前をしていた橋本千代吉さんによれば、カウンターから乗り出して客の胸ぐらをつかみ、「おめえ帰れ」と怒鳴ることはしょっちゅう。ときには客同士に不穏な空気が漂うやいなや、「俺がやる」と真っ先に出て行った。普通、飲み屋のおやじは客の喧嘩を止めるものなのに、客の喧嘩を自分が奪ってどうする、と周囲に呆れられたとか。客として火の車に出入りしていた詩人の山本太郎さんも「心平さんがカウンターを飛び越す技術はすごかった」と証言している。

近所の肉屋のおやじが飲みにきて、「俺は小学校しか出ていない」と何度も言うもんだから、心平さんの眉が釣り上がって「小学校だっていいじゃないか、このでこぼこ！」と怒鳴って喧嘩になったこともある。かと思えば、筑摩書房の社長の古田さんとも派手な取っ組み合い。くんずほぐれつの最中に古田さんの髪を引っ張ったらしく、喧嘩のあと心平さんの指のあいだに髪の毛が束になって残っていたという。美術評論家の青山二郎との大喧嘩も語り草になっている。喧嘩の原因は「虎とライオンのどっちがいいか」の議論だったとか。なんだ、そりゃ！

それでも、心平さんの怒りは筋が通っていたと太郎さんは言う。心平さんが嫌いなのは媚びへつらうやつ、威張るやつ、それから言葉を大事にしないやつ。太郎さん自身、言葉の問題で、危うく心平さんの怒りを買いそうになったとか。

「火の車」で一度、怒られそうになったことがある。僕は九州弁で、「そうじゃもんね」と言った。そしたら心平さんが「なにっ！」ときた。まだこっちは若い。「若いくせにそういう口をきいて」と言う。で、僕が、「これは九州弁ですよ」と言ったら、「そうか」ということで怒られないで済んだ。すぐ「なにっ」とくる。油断もすきもないんだよ、なにしろ。

（『凸凹の道』より山本太郎の発言）

若い者がわざとらしく語尾に「じゃ」を付けたら、心平さんの基準ではもうアウトなのだ。しかしそれが方言だとわかれば、自然な物言いなのだからセーフ。詩人の判定はじつに微妙だ。けれど、なんとなく納得もできる。

のちには、徳利を「どくり」と呼んで怒られた人もいたという。「君、徳利は『とくり』と言いなさい。『どくり』と言ってだれが喜ぶ。言った人は喜ばない、聞いた人も喜ばない、徳利自身も喜ばない。それをどうして君は言うのだ」。

徳利自身も喜ばない、というのがいかにも心平さんらしい。心平さんにとっては動物も花も岩も、そして徳利もニンゲンなのだ。心平さんの名言「犬だってニンゲンだ」が飛び出したのも火の車時代だった。千代吉さんの回想を引く。

……ある夜、のれんを取り込もうとした隙に一匹の犬がとびこんで来た。見ればまだ成犬になりきれないいかにも人なつっこい仔犬なのである。

下手をするとこのままこの仔犬が居ついて、これも私の係りになるかもしれないと、咄嗟のうちに悪い予感がしたから、主の気がつかないうちにと「しっ、しっ」と追いはらおうとしたら、カウンターにうつ伏せになっていた心平さんが、

酔顔朦朧《もうろう》たる眼をこっちに向けながら、

「な、なにをしてるんだ、早く閉めろ！」

飼い主に見つかったら連れて行かれてしまうじゃないか、といわんばかりなのである。

「犬だってニンゲンだ」

「？」

「ひもじいときはだれだって同じだ」

などといいながら、冷蔵庫に仕込んであったベロ（牛舌の醬油漬け）を出させ、そいつを与えながら何やらしきりと話しかけているのである。


（橋本千代吉著『火の車板前帖』）

心平さん、鯉および恋のはなし

「心平さんは命名の天才だ」と言ったのは太郎さんだ。詩のなかに登場する蛙にも「るりる」「ぐりま」「ごびらっふ」「ゲリゲ」「ばっぷくどん」といった名前を与え、自分の店には「いわき」「天山」「火の車」「學校」と名付け、供する酒や肴は「天」「耳」「息」「満月」「白夜」と命名した。

大事なものに名前を付ける。それはこの詩人にとって、世界の愛し方なのだった。生涯でじつに多くの動物を愛した。歴代の飼い犬には「癌蔵」「阿里」「黄《こう》」「ダン」「玄」といった名が付けられた。ほかに、みみずくの「フウ」、雉の「写楽」、白鳩の「沙魯里《しゃろり》」、山鳩の「ルル」と「リリ」、鷹の「団八」、とんびの「高蔵」、カラスの「クウ」、しゃもの「スタン」、真鯉の「三郎」「アベベ」「黒富士」、トノサマガエルの「ダビデ」……。

高蔵はとんびだが、心平さんはしばらく鷹だと思っていたらしい。それで高蔵と付けた。羽根を広げると一メートル四十もある偉丈夫。この高蔵が何度も脱走した。ときに電線に絡まってもだえているところを捕獲されて交番に届けられたり、ときに心平さんの元へ知人から「タカゾウハッケンス」の電報が届いたり。そのたびに心平さんは気を揉んだり、喜んだり、大騒ぎするのである。

庭の池に住む鯉たちもまた、心平さんの大事な仲間だった。こんな文章を書き残している。

三郎が死んでからもう二タ月ほどになる。三郎は長さ五十センチの真鯉《まごい》だった。池水のなかに手を入れると三郎は横っ腹で私の手にふれながら泳ぎぬけ、またもどってきては私の手にふれて別の方へ泳いでゆく。そんなことをよく繰りかえした。時には浮きあがってきて私の親指をチュッチュッという音をたててしゃぶったりもした。それがもういない。けれども三郎の口や胴やの感触は眼をつぶらなくてもまだ思いだせるし、貌《かお》だっておぼえている。

（中略）

三郎はおヒトヨシだった。まるまるふとっていた格好からメスかもしれないとも思っていたが、死後解剖の結果はオスだった。おヒトヨシではあったが、内剛外柔の性格をもっていたように思う。

（草野心平著「偉いぞ三郎！」／「東京新聞」一九六四年）

死んだ鯉を「おヒトヨシだった」と偲ぶのがいかにも心平さんらしい。弱った三郎に噛んでくだいたアリナミンを飲ませてやったが、看病むなしく昇天した。還暦もとうに過ぎた頃に書かれた詩「たちあがれ」にも、鯉たちを一心不乱に看病する様子が描かれている。雪の日、寒さで弱った池の鯉たち（マンモス、イザナギ、イザナミ、黒富士ら）を井戸水で満たした浴槽に移してやった。真夜中に風呂場へ様子を見に行くと、鯉たちは倒れて喘いでいる。心平さんは慌てて湯を沸かして浴槽に足し入れ、鯉を抱き上げては口に塩を含ませるのだった。そのときの鯉たちを励ます「たちあがれ。たちあがれ。」の連呼は、鬼気迫るものがある。まさに「鯉だってニンゲン」なのだ。禮子さんが聞いた「鯉のはなし」もこのあたりのエピソードかもしれない。

ところで、詩人の宗左近はこんなことを言っている。

（心平さんは）恋愛をほんとの意味でしてないんですよ、彼が身を滅ぼすほどのはね。生きものに対してしたかもしれないけど、トンビとか鯉に対しては。

（『現代詩読本　草野心平』）

心平さんは女好きだし、魅力があるからモテる。けれど、恋愛を書いた詩はほとんどない。身を焦がすほどの恋をしたとすれば、その相手は女ではなく、トンビであり鯉だったと宗さんは推測するのである。

これを読んで、思い出したことがある。昔の學校のことを詳しく知る出版社の社長にお会いしたとき、彼も同じようなことを言っていた。曰く「心平さんにとって女はあまり大事ではなかったと思う。ただそばにいた女を抱き、触り、いっしょに住んだだけ。心平さんにとって大事なものは詩と男だった。女に触発されたり、メロメロになることはなかったんじゃないかな」と。

學校を始める何年も前から、心平さんは妻ではなく十九歳下の恋人、山田久代さんといっしょに住んでいた。山田さんは二十代の頃、神田神保町の「ランボオ」で女給をしていた（同じ時期に、作家の武田泰淳の妻になった百合子さんもランボオで働いていた）。美しい人だったらしい。心平さんは山田さんのことを「チャー公」と呼んだ。學校を始めるとき、心平さんの頭のなかには「チャー公がいるから店をやろう」という思いがあったのだろう。開店準備もふたりが中心となって進めた。実際、心平さんが高齢になって店に立たなくなったあと、山田さんが切り盛りした。それを支え、やがて引き継いだのが禮子さんだった。古いお客さんは、禮子さんは子どもみたいに無邪気なところがあるのに対し、山田さんはもっとおとなっぽくもの静かだったとその印象を語る。

禮子さんのはなしに登場する山田さんは、恋人の前ですねたりはしゃいだりする、かわいらしい人だ。それはどこかで、年の離れた人と大恋愛をした禮子さん自身を投影しているようにも思える。

山田さんはけっこう時間にルーズな人でね。そんなことで心平さんとよく喧嘩してたわね。山田さんはきっと遅れるから、待ち合わせを一時間早くしようって言ってもその時間にまた遅れるの、ふふふ。だから本人はそれがダメなことという意識があんまりないんでしょうね。心平さんは約束をはずしたりはしない人でした。だから山田さんはほんとにもう心平さんに甘えているのね。そういうので言い争いしているのは何度か見ましたけどね。まぁ、心平さんも言うべきことは言って、それ以上ぐだぐだ言うような人じゃなかったから。山田さんは「はぁい、わかりましたぁ」なんて言ってましたね。

心平さんは妻子がいるのに山田さんとずっと添い遂げたんだから、それはそれで見事だなぁと思っています。それを承知していた女房殿はもっと見事だなぁと思いますけどね。ま、でもけっきょくは心平さんにそれだけの魅力があったんだと思う。男女の魅力っていうのは当人どうしにしかわからないことだけどね。

心平さんと山田さん、どちらともあたしは親しくさせてもらいましたけど、やっぱりどちらかひとり選ぶって言えば、あたしは心平さんをとりますね。心平さんはダメもいっぱいあったけど、魅力もいっぱいあったの。あれだけいろんなことをしながら、それがいつも本気だった。

山田さんや禮子さんにとって大事なのは恋に決まっている。鯉なんて、知ったこっちゃない。人生の優先順位のずっと下のほうを、勝手に泳いでいればよい。けれど心平さんにとっては、鯉と恋のどちらが大事だったのだろう。果たして。

第四章　禮子さんの恋

昔ばなしの途中、時系列を整理しようとして「それっていつのはなし？」と尋ねると禮子さんは笑って答える。

「ふふふ。まだ若かった頃だわねぇ。ハイヒールを履いてたわ」

「ふふ。帽子もかぶってた？」

「かぶってたわねぇ。あたしがすかしてた時代です」

要するにハッキリおぼえていないのだが、それはあながち年齢のせいでもないと思っている。いつも目の前のことに心を奪われて生きていて、根が大雑把なところは、わたしも禮子さんと似ているからよくわかる。

「あたしね、いくつで結婚して、いくつで子どもを産んだというような目安がないでしょう。だから昔のことを思い出すとき、細かい順番やなんかがわからないの」

という言い訳も非常によくわかる。

だが子どもの頃のはなしとなると例外で、禮子さんはそれをとても丁寧に記憶している。一九三二年四月十九日に生まれた女の子は、春らんまんの誕生日が巡ってくるたびに、背が高くなり、髪が長くなり、自由を好む女の人になっていった。

生まれる前から、もらいっ子になると決まっていた

生まれは郡山の商家、魚屋です。鮮魚も干物やなんかも商っている店でした。明治生まれの父は、ほんとはブラジルに行って大きな仕事をしたかったらしいんだけど、そこまで行けず、郡山どまりだったのね。父は井上喜八郎、母がトヨ。

兄と、姉がふたり、赤ん坊のときに死んだ弟、それから妹がおります。この兄っていうのが、まぁ身内びいきですけれども優秀でね。学校ではいつも一番でとにかく親にとっては自慢の息子。

親は兄に家業を継がせたかったらしいんだけれども、兄はそれがだいっ嫌いで。「いらっしゃいませ」なんてお客さんに頭を下げることができない人でね。学校を出たあと役人になって、そのあと独立して経理やらやる仕事……なんて言ったかしらね、税理士？　そう、それをしていました。

下の姉も優秀で、数学で「秀」をとるくらい。それでお婿《むこ》さんをとって家業を継ぎ

ました。兄弟のなかで愚図なのは、長女とあたし。出来のいい子と悪い子が交互にできたのよ、ふふふ。

あたしが生まれる前から、「次に生まれてくる子は、女でも男でも秋田の家にやる」と決まっていた。父の実の妹が秋田の小坂鉱山に嫁いでいて、子どもができなかったものですからね。うちにはもう兄と姉ふたりがおりましたから、「次の子は」とはなしが決まっていた。

ほんとは生まれてすぐに連れていきたかったらしいんですけどね、実の母がなかなか手放せなくて。二歳下の弟が赤ん坊のうちに亡くなって、しばらくして九歳違いの妹ができたんで、それでようやくあたしを手放す気になったみたい。

生まれたときから決まっていたし、夏休みになると子どもたちそろって秋田の叔母の家を訪ねたりもしていたから、ふたりの姉と喧嘩すると「お前なんか早く秋田に行っちまえ」なんて言われてた。だから家族はみんな、あたしが秋田に行くことは自然に受け入れていたんです。あたし自身もいずれ秋田にもらわれていくことはわかっていたから、特別悲しいとも思っていなかった。それでもいざ秋田へ向かう汽車に乗ったときの心細い気持ちは、いまでも忘れないですね。

小学校四年生から秋田です。当時は国民学校って言ったのね。「小坂国民学校」だったかしら。秋田の養父は中村定助といいました。とても頼りになる人で、親類中がみな「定助おじさん」と呼んでましたね。養父は、あたしにとっては父親っていうよりおじいちゃんというくらいの歳でした。

きっと育ての親たちもあたしのことをどう扱っていいかわからなかったでしょうね。あたしはとにかく「秋田に行ったらお利口にして、みんなに可愛がられるように」と言い含められて行ったからね。そのへんはあたし、うまかったんですよ、ふふふ。特別になにかをしなくても「中村のうちにもらわれてきた子だ」って親戚も近所の人もみんなやさしくしてくれました。でも夜中に目が覚めてさびしくってね、泣いたこともありました。

……あ、からしを買うの忘れた。大根を炊いたのに。からし、コンビニで買ってきましょう。

秋田の鉱山でお嬢さんとして育つ

戦前、戦中の小坂というのはふしぎな街でした。鉱山を仕切っていた同和鉱業の人たちは住むところが完全に決まっていて。山の上のほうが部長級、それから古舘《ふるだて》という地域が課長級、ふつうの労働者は長屋みたいなところに住んでいたの。だからどこに住んでいるかで親の肩書きがわかっちゃうの。養父は鉱山をやっていましたから、山の上のほうの立派な塀のあるおうちともつきあいがありましたけど、あたし自身は長屋の子とも友だちでした。

秋田の養父は無口でね。だからといって窮屈だと思ったことは一度もない。だからあたし、男の人って余計なことをしゃべらないものなのかなぁってずっと思ってました。たいへんおしゃれな人。仕事でしょっちゅう東京へも行っていたし。ひげを生やして、本をたくさんもっていて。郡山の実家の父とはまったく違うタイプでしたね。

養母は浪費家でね。鉱山なんて波がありますから、家計が苦しくなると実の兄の家、つまりあたしの実家からいくらか用立ててもらっていたみたいで。その借りたお金で堂々と自分の反物を買いに行くような人でしたから、ふふふ。へんな人でした。

あたしが贅沢好みで浪費家なのは、養母の癖《へき》を受け継いだから、なんて言われているの。あたしのほかの兄弟はみんな手堅くて、きちんと蓄えをして、けっして人に迷惑をかけたり人にお金を借りるようなことはしないのに、あたしときたら欲しいものがあるとすぐ買っちゃうからね。

実の母はずっと「禮子は秋田にもらわれていったから浪費家になった。秋田に行ったせいでお嫁にも行けなかった」と思っていたかもしれないですね。はっきりと言われたわけではないけど、ちらっとそんなふうに漏らしたことがあった気がします。そう思われてもしょうがないなぁと思いますね。秋田に行かなかったら、おもしろくもおかしくもない人生だったでしょうね。なにも考えずにお嫁に行って……そしてあたし、きっと離婚したと思う。

女学校に入った年の八月に終戦となりました。終戦の日は「お昼から玉音放送がある」って言われて、家族や事務所の従業員やねえや、ばあや、みんなで聴きました。

天皇陛下のお言葉だと思って畏まって聴きましたけど、なにを言ってるんだかわからなかったわね。

養父は明治生まれの堅物でしたから、なにも余計なことは言いませんでした。といって沈み込むというんでもなかった。この戦争はとても勝てないだろうって薄々わかっていたのかしら。学校に行っても、泣いてる人も悲劇的な顔をしている人もいなかったわね。

青森の軍港は空襲を受けたけれど、小坂鉱山は工業地帯だったのに狙われなかったんですよ。小坂にはアメリカ人の捕虜がいたの。働かされていたの。われわれとは隔離されたような状態で、あたしは捕虜が働いている現場を見たことはないけれど……。もしかしたらそういう理由で空襲がなかったのかもしれませんね。

戦争中、鉱山があった小坂には国の支援がありましたから、むしろほかの地方より豊かだったかもしれない。戦争が終わってもしばらくは、今度は戦後復興のために鉱石が必要だったしね。父は同和鉱業に鉱石をおさめていたから一時は羽振りがよかったんですけど、戦後何年か経つと個人の零細企業は成り立たなくなって、同和鉱業に権利を売っちゃいましてね。落ちぶれていきました。

東京へ、その頃からもうわがままだった

学制が変わって、女学校を卒業したのは十八歳だったかしらね。それから青山学院の短大に行きました。国文科です。当時、叔母が茨城の日立にいましてね、そこに好きな従兄弟がいたの。なかなかしゃれた男でね、好ましいなぁと思っていたの。その従兄弟が青山の商学部を出ていたからね、だからあたしも青山がいいなぁと思ったわけ。京都女子大も受かったんだけど、いかんせん遠いでしょ、秋田からは。その頃はだんだんうちも豊かではなくなっていたから、あまり遠くないほうがいいかなぁという気持ちも少しはあったかもしれない。本気で国文学を勉強しようと思ったら京都を選んでいたかもしれませんね。

父は京都でも東京でもどちらでもいいと言ってくれました。二年間、好きにしていいよって。二年経ったら、あたしに婿をとって家業を継がせるつもりだったんでしょう。お見合いも何度かしました。短大に通っている頃は、それこそ日立の叔母が息子

の友だちを何人も紹介してくれたけど、どれもおもしろくないのよね。日立製作所にお勤めで、まじめで、この人と一生暮らすのは嫌だなぁというような男ばかり。あたし、その頃からもうわがままなのよね。

そのうち秋田の家もだんだん傾いてきて。だんだん父の仕事が成り立たなくなってきて、権利や土地を同和鉱業に売ることになって。ま、両親が暮らしていく分には困らなかったでしょうけれど、婿をとって家を継ぐようなはなしはなくなっていったのね。あたしも一度東京に出てしまったからもう田舎じゃ暮らせない、なんてね、生意気ですねぇ、ふふふ。

ちょうど東京へ出てきた四月に歌右衛門の襲名披露をやっていて、叔母が連れていってくれたの。寮のお友だちにも文楽や歌舞伎が好きな人がいてね。彼女に連れられて通っているうちに、もうイカレちゃったの。大学の歌舞伎研究会にも出入りするようになって。

初日、中日、千秋楽くらいはお振り袖を着て、表のちゃんとした席で観るんだけど、あとは楽屋のおじさんと顔なじみになって、楽屋から見せてもらっていました。あの頃はそのへんがいまほど厳しくなかったのね、きっと。

あたしはもうどうしたって海老さま（十一代目の市川團十郎）が好きだったの。どこがよかったんだろう……次男の幸四郎は学校の成績はいいし、お芝居もぬかりなく見事にやるの。三男の松緑はひょうきんでね、踊りの世界では誰もが認める人だった。だけど長男の海老さまだけはいつも自信がなさそうなの。なんででしょうね。團十郎の名を継ぐまで……いや、けっきょく死ぬまで、そういう雰囲気がありましたねぇ。父親の期待に応えられなかったのかもしれません。そのね、なんともね……これはあたしの勝手な解釈よ……哀れというか、歌舞伎の華やかな世界のなかにどうしても馴染めない感じがあって、そこに惹かれたのかなぁ。

その頃、海老さまが光源氏を演じた「源氏物語」を観たの。芸はともかくとして、それはそれはきれいだった。観てるとぼーっとしちゃうほどきれいだった。素の顔はね、いつも下を見て心細げな感じで、それがまたなんとも好きでした。憂いがあるというか、晴れやかにパーッとしていないところがいいの。うふふ。

堀辰雄に憧れて信州で過ごした夏

秋田の両親は、地元で学校の先生かなにか堅い仕事に就いて、両親といっしょにまじめに暮らしてほしいと思っていたんでしょうねぇ。そしたら豈図《あにはか》らんや。こっちは芝居に狂っちゃってねぇ。

夏休みになっても秋田に長く帰省する気になれなくて、信州の追分にあった青山女子寮へ行きました。堀辰雄や立原道造なんかも泊まった油屋という老舗旅館にも泊まってね。友だちといっしょにいった記憶はないから、たぶんひとりで行ったんだと思う。

あたしは堀辰雄が大好きでしたからね、追分に行くなら堀辰雄の未亡人の多恵子おばちゃまに会おうと思って訪ねたの。夜行列車に乗って、朝、追分駅に着いて、駅からぶらぶら油屋まで歩いていって。それでお家を訪ねて行ったら、多恵子おばちゃまは気持ちよく会ってくださった。きっとあたしみたいに訪ねていく人がほかにもいたんでしょうね。

最初は親密なおつきあいをする感じはなかったんだけど、おばちゃまの知り合いが阿佐ヶ谷に住んでらしてお手伝いを頼まれたことがありました。それがきっかけで、多恵子おばちゃまの家の手伝いもするようになったの。なにかあると電話がかかってきて、「いま、お暇だったら、ちょっと手伝ってほしい」というような頼まれ方をしました。手伝うといっても大した仕事でもなかったですけどね。気楽な感じでね、お掃除とか食事の片付けを手伝っていました。

あたしはそんなに積極的に人に会うようなタイプでもないんだけど、堀辰雄は好きだったから、その未亡人には会いたいと思って会いに行ったのね。あとのことはほんとうに偶然。おもしろいわねぇ。

その頃、髪の毛は背中から腰くらいまで長かったですね。パーマなんて一切かけなかった。ま、要するに芝居やなにやら遊んでいるから、パーマをかけるおあしがなかったのね。長くしてブラシをかければいい髪型が楽でよかったの。

そんなわけで、学校を卒業してからまともな仕事をしたことがないの。歌舞伎のお手伝いをしたり、多恵子おばちゃまのお手伝いをしたり、秋田の養父の友人の会社で電話番をしたり。

年頃ですから、周りからは「早く身を固めて」と言われます。まぁ、田舎の人はね、歌舞伎なんてわからないからね。なにをしているんだか説明しても仕方がないの。東京という場所は、あたしのほうが嫌にならない限りはどこにいてもいいみたいな、ね、そういうところだから、まぁ気楽だったのね。養父の具合が悪くなってからも、あたしはなにもしませんでしたから、ひどい娘ですね。

ミュンヘンに行った絵描き

画家の恋人とは、友人の友人として知り合いました。大分の出身で、ひとつ年上だったかな。お芝居が好きでね。ま、彼はもっぱら民芸でしたけどね。そんなはなしをするのが楽しかったのね。

彼が絵の勉強のためにヨーロッパに行きたいということになって。その頃は留学なんてまだそんなに簡単じゃなかった。九州の実家も彼をヨーロッパに行かせるほど豊かではなくて、国費留学のテストを受けて、それで行ったの。絵描きなんだからパリとかローマに行けばいいのに、なぜか行き先はミュンヘンだった。本人の希望だったのか、割り当てられたのかわからないけれど。

二年間の予定で行きましたけど、途中で体を壊して一年半くらいで戻ってきました。

そのあと、東京ではもう暮らせないってことで大分のほうへ引っ込みました。

絵はそのあとも描いていたようでしたけどね、結局それで名を成すほどではなかったのね。才能がなかったのかもしれないし、それとも病弱でやっぱりそこまでできなかったのかもしれない。あたしは彼の描く穏やかな絵がとっても好きだったんですけどね……。

大分に訪ねて行ったこともあったの。でもあちらでいっしょになるほどの思いにはなれなかった。彼も好いてくれてましたけど、お身内からしたら、秋田のつぶれそうな鉱山の娘をもらったってちっともいいことないですからね。別れましょうということになって。

でもその人がミュンヘンに行ってしまったとき、さびしさを紛らわせるために心平さんが始めた學校へ行ったんですからね。ほんとにふしぎね。

起こることすべてに意味があって、人生は続いていく。禮子さんの昔ばなしを聞いていると、そんなことを思う。

十歳で生家を離れ、兄弟のなかでただひとり秋田の家にもらわれていったときの寄る辺のない気持ちは、もしかしたら後年、辻まことが自らを「その誕生からして居候であり、居候として育ち、居候として成人した」と語ってみせる感覚と共鳴したかもしれない。

心細さを抱えて養女になった禮子さんを、大事なひとり娘として育ててくれたのが「秋田の父」だった。余計なことを言わず、親戚一同から頼りにされていた、文学好きの明治の男。禮子さんが物語る秋田の養父像は、どこかで心平さんにつながっている気がする。

そして堀辰雄が好きだったから、という理由で多恵子夫人の元をひとりで訪ねていった大学生の禮子さん。多恵子さんに頼りにされて、年の離れた女どうしのふしぎな友情が芽生えたらしい逸話に、わたしは大きくうなずくのだった。勇気を出して新宿ゴールデン街の學校を訪ねたときのドキドキを、そしてそのあと禮子さんと親しくなっていった高揚感を思い出しながら。

他人に見えているカードはほんの一部だから、それだけを強引に関連づけてわかった気になるのは浅はかだ。と思いながらも、禮子さんの半生はわたしを惹き付ける。少し澄ました感じ、その奥にある情熱的なところ、誰にも束縛されない強さ、贅沢好みなお嬢さん気質。禮子さんらしさがどのエピソードにも宿っている。

そして、あの恋のはなし

いつだったか學校で、禮子さんと数人の常連さんと飲みながらプロ野球のはなしになった。禮子さんは野球なんて興味ないだろうな、と思いながら
「禮子さんは好きな選手いる?」

と聞いたら
「ええと……田尾さん」

と答えた。

「え、田尾?　中日と阪神にいた田尾?」

「うん、たぶんそう」

とファンだという割には心もとない。よくよく聞けば、かつて店のお客さんに誘われて阪神戦を見に行ったことがあり、そのとき背番号が8だった田尾を応援したのだという。

「なんで8なの？」
と聞くと、古いお客さんたちは
「そりゃあ、禮子さんは8だよなぁ」
口々に言う。禮子さんは頬を染めて黙っている。

かつて禮子さんが一生に一度の大恋愛をした相手は、名前に「八」が付く人だった。とにかくその人が大好きで、明けても暮れても「八」だったと聞いたのはしばらく経ってからである。

「電信柱に貼り紙がしてあるでしょう。そこに書いてある電話番号に八が入っているだけで、うっとりしたの」

名前に八が付く人は、禮子さんよりうんと年上だった。結婚して子どもがいる人だった。ひねくれ者の阿部さんが言うには「抱腹絶倒の男」だった。そうした断片は耳に入っていたが、改めて禮子さんにそのはなしを聞いたことはなかった。

夜もだいぶ更けてから、生い立ちを語ったついでのように、禮子さんはその恋のことを話してくれた。禮子さんは相手の苗字を呼び捨てにしたが、ここでは「八」と呼ぶことにする。

「八」と初めて会ったのは、學校です。もしかしたら、あたしが最初に手伝っていたノラという店でも会っていたかもしれない。學校、ノラ、道草……そのあたりの店が「八」の行きつけだったわね。ひとりでくることもあったし、仲間とにぎやかに飲むこともあった。

仕事は労働組合の顧問みたいなことをしていました。学生時代から労働運動をしていたみたい。自分は旧家で育って、経済的に困ることもなかったようだけれど。それでも労働運動をするという人、割にいましたからね。

英語とドイツ語が堪能で、同時通訳できるくらいよくできました。あたしはフランス語を習っていたことがあるのだけど、それも彼にはとてもかなわなかった。あの年代でそういう人は珍しかった。当時は労働運動が盛んで、ドイツから人を呼んだりしていたのね。そういうときに通訳をしていたみたい。早稲田を出ていて、大学では中世史を勉強してましたから歴史についても詳しかった。

言葉ができるもんですから、あちこちで重宝されて。でも彼もわがままですから気に入らない仕事は断っちゃう。でなきゃあたしね、会社員だったり学校の先生みたいに時間にしばられている人間とはつきあわなかったかもしれませんね。

歳は二十二くらい上でした。頭は禿げていた。明治四十三年生まれだったかな。明治生まれだからってどうってことはなかったわね。彼自身がひどく気ままでリベラルな人だったから。親しい人には「ハゲ」「ハゲ」ってからかわれていた。あたしは言ったことないわよ、ふふふ。でも「ハゲ」って言われても、なんとも思わないような人なの。

いっしょにいると、とにかくはなしがおもしろい。あたしだけじゃなくて、男の人が「八」をおもしろがっていました。哲学書から猥本《わいほん》までなんでも読んでますからね、なにをしゃべってもおもしろいの。どんな人とも対等につきあえる。ただ、知らないのに知ったかぶりをする人にはときどき意地悪を言ったりしてましたねぇ。そういう人が「なんだ、自分は頭がいいからって」なんて拗《す》ねて、「八」のことを悪く言うこともあったかもしれない。ま、あたしは惚れてるから悪くなんて思わないの。とにかくいっしょにいて楽しい男でした。

だいたいは背広を着ていましたね。だらしなくはないけれど、とくにおしゃれというんでもなかったかな。お誕生日には、ほかになにも思いつかないからネクタイをあげていました。そうすると必ずしてくれましたね。

なんで「八」とああいうことになったのか……。コトの始まりは、遅くまで飲んでもう横浜の家まで帰れないという晩に、代々木あたりの組合の関係の宿舎かなんかに泊まると言って、そこにあたしを連れていってね。同じ部屋に泊まったけど、なにもなくってね。朝になって「じゃ、ちょっとコーヒー飲もう」なんてコーヒー飲んで。うん、なんか、ずっといっしょにいてもいいなぁと自然に。……いつ親しくなったんだか、おぼえてないわね、ふふふ。

あっちはあたしのことを面倒くさくない女だと思ったのかもしれないわね。あたしは女房殿とも会ったことあるし、彼もあたしに娘の自慢なんかよくしてましたね。娘のことはとっても可愛がってた。「女房を知ってて、よくそういうことになったもんだ」なんて言う人もありましたけどね、もう自然にそうなっちゃったという感じなのね。

「ご飯食べないか」なんて電話があって、昼間から会うこともしょっちゅう。映画にもよく誘われましたね。だいたいその頃は日比谷のロードショーでした。『シェルブールの雨傘』なんかを見たのは、少しあとのことね。映画のあとは帝国ホテルでランチしたり、西銀座あたりに古い洋食屋さんがあって、そこにもよく行きました。とにかく彼といると楽しいですから、そのうち夢中になっちゃったのかもしれないわね、ふふふ。

喧嘩はしないの。ときどきあたしの機嫌が悪くて一方的にヒステリーを起こすことはあったけれど。彼が悪いんじゃなくて、ほかにおもしろくないことがあって、あたしが一方的に喧嘩を売っているようなものね、ふふふ。そんなときは、こんなのを相手に喧嘩しても仕方がないって感じで、もう喧嘩にならなかった。向こうは、女に逆らってもロクなことないって、よくわかってたんじゃないかしら。二十二歳も離れてましたからね、そのへんは知恵があったんでしょう。浮気もあたしが初めてじゃないみたいでしたから。お酒も好きだったし、人も好きだったからね。

兄には話しましたけどね、引き合わせはしなかった。郡山の親にはついに言えなかったわね。二十二歳も離れた妻子のある男といっしょにいるなんて、身内は喜ばないですよね。あたしがいかにおもしろく生きていたとしても、ね。でもきっとあたしの様子から、薄々わかっていたでしょうね。

心平さんも……わたしと「八」のことはよく思っていなかったかもしれない。でも、山田さんが「八」のことを好いてくれてました。山田さん自身も妻子ある心平さんと暮らしたわけだから、気持ちが重なるところもあったのかもしれません。心平さんはなにも言わなかったけど、「自分の好きなようにして、自分のしたことに自覚があればいいんだ」というような考えだったと思います。

最初に会ったとき、向こうは五十歳だった。それから東京でずっといっしょに過ごして。彼は六十を過ぎてから故郷の佐賀に引っ越しました。向こうで労働組合の仕事をすることになったのかな。さびしいと思いましたけど、そのあともしょっちゅう東京に出てきて、くればうちに泊まりましたから。却って遠くに住んでいたほうが楽しかったくらい。

どうしても会いたくて、ひとりで佐賀に行ったこともあるの。彼の住む駅で降りて、行ったりきたりしてたね。でも相手が困るだろうなあと思ってね。……子どももね、うん、産みませんでした。そういうことになって、産むという決断をする人もいるでしょうけれども、あたしはそこまで踏ん切れなかった。やっぱり彼は困りますからね。

面倒が具体的にいっぱい起きるからね。

でもやっぱり彼に出会ってよかったなぁといまでも思います。彼と過ごした楽しい時間は何物にも代え難い。彼に出会って、あたしの人生はほんとうに楽しい時間をもったと思う。人を好きになるって身勝手なものだし、悲しいことやつらいことがなかったというのは嘘です。でもそれよりも、いっしょにいられてよかったという思いのほうがあたしには大きい。

好きになった人と生涯楽しく暮らせるのがいちばんなんでしょうけどね。たまたまあたしはそうではなかったけど。それでもやっぱり彼に会えてよかったの。端から見たら「八」はずるい男かもしれない。あたしはそうは思っていないの。それが、惚れることのふしぎだわね。

「八」は七十七歳で亡くなりました。最後は癌で、もうダメだろうってことがわかってたんですけどね。電話がきたのよ、「もう僕、だめだよ」って。そのとき、九州へ会いに行こうと思わなかったわけでもないけどね、行っても家族がいるからと思ってね。あぁ、これで、もう彼の声を聞くのは終わりかなぁと思いました。でも、しょうがないなぁ、いい時間をいっぱいありがとう、と思いました。ほんとに素直に、もう会えないんだなぁということと、でも彼に出会ってよかったなぁということをね、なんのこだわりもなく思えたの。

二月の十日に亡くなって、翌日、彼の弟子筋の男の子から電話があって。あぁそうか、って。そういうときがきたんだな、彼に会うことはもうないんだなって思いました。もちろん、こんなこともあったなぁなんて思い出して悲しくなることもあったけど、それでも会えてよかったと思っているから、泣き暮らすようなことはなかったですね。

「八」が死んだあとも好ましいと思う人はいたけれども、でも「八」のようにはならなかった。やっぱりいまでも「八」は特別ですね。そういうことが一瞬でもあれば幸せなのに、それが七年もいっしょに過ごせて、そのあとも亡くなるまでずっと好きでいられてほんとうに幸せだったと思ってる。

あたしはもう八十歳になるけれど、八十年も生きてきて、いろんなことがあったような、そのことだけしかなかったような……。ふふふ、これがあたしのおはなし。

あ、あなたお腹すいたでしょ？　うで卵があるわよ。召し上がれ。あたしはビールにしようかな。

第五章　閉校の記

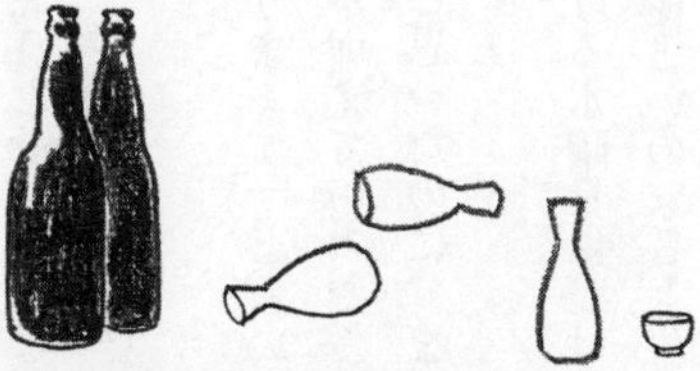

學校の冷蔵庫に大量の玉ねぎとしらたきと卵が入っている。翌週行くとまた増えている。歳をとると、ふしぎな買い物をするようになるものだが、禮子さんが買ってくるのはなぜ重いものばかりなんだろう。痛む足をかばってそろりそろりと杖をつきながら、一生懸命に玉ねぎとしらたきと卵を背負ってくる禮子さんを思うとせつなくなる。それが前兆だった。

八十歳を過ぎても「みんながきてくれるうちは、あたしもがんばりまぁす」と言い続けていた禮子さんだったが、言葉とは裏腹に店を開けられない日が増えていった。股関節痛が悪化し、食が細って体力がなくなり、「今日こそ出ようと思ったのに、また休んでしまった。意気地がないの」としょげて電話してくる。

酒場學校は週休三日になり、四日になり、ひどいときはわたしが開ける水曜日にだけ看板がともる週も出てきた。当然、売上はガタ落ち。禮子さんのひとり住まいの家賃と生活費、それに店の賃料も稼ぎ出さなければならないのに、目標額に達しない月が続いた。

そこにつけ込んだわけでもないだろうが、「週末だけ店を借りたい」という申し出をしてくる一味がいて、禮子さんは数千円のために、あっさりと鍵を渡してしまった。

わたしはその一味を敵視した。だって、品が悪いんだもん。週末だけと言いながら、彼らは平日の夜にも我が物顔で學校に出入りするようになった。昔からの學校のお客さんは、一味との遭遇を避けるようになり、ますます売上は落ちる。

あんな奴らに、學校を乗っ取られてたまるか！　わたしは好戦的になった。路地で一味の親玉と遭遇し、喧嘩をふっかけたこともある。それを學校のお客さんのなかでもっとも品のいい、つまりもっともそういう場面を見られたくない及川さんと暁《ぎょう》さんにまんまと目撃された。いやはや、お恥ずかしい。品が悪いのはわたしなのだった（しかも、自分では路上で大立ち回りを演じてやった気でいたが、冷静に思い返してみると二匹のスピッツがキャンキャン吠え合うごとき喧嘩だった。よって本件は「犬の喧嘩事件」と呼ばれている）。

いまならわかる。わたしは一味に八つ当たりをしていたのだ。そこにあったのは、怒りではなく、悲しみだ。食いしん坊だった禮子さんが「朝起きて紅茶を飲んだきりお腹がすかないの」と言い、どんどん痩せていくこと。手術をしても改善しない股関節の痛み。なにを買ったか忘れること。火ともし頃のゴールデン街で、そこだけ灯りが消えたままの看板。わたしは大好きな禮子さんと學校が終わりに近づいているという現実を上手に受け止められず、たまたまちょっかいを出してきた人を腹立ち紛れによそ者扱いしていただけだった。

受け止めるのに時間がかかったことはそれだけではない。すんなり「わたしが學校を継ぎます」と言えない自分自身を、長いあいだ持て余していた。

學校に関わる誰もが、どうにかして店を存続させてほしいと願っていた。そして、真紀が継ぐのがいちばんいい、ときっとみんなが思っていたと思う。もともと「心平さんが好き」と言ってやってきて、禮子さんとも常連客とも仲良くなり、素人ながらも店の切り盛りができるようになったのだ。わたし自身ですら、學校をこの雰囲気のままで存続させることができるのは自分しかいないと完全にうぬぼれていた。

でも、いざとなると、どうしても「わたしがやります」のひとことが言えないのだった。フラフラと気ままに生きてきたわたしには、毎日決まった時間に決まった場所に通う暮らしはとてもハードルが高いものに思えた。どんなに大好きな學校でも、そこに根を生やせばきっと窮屈になる。平日の夜のぜんぶを學校に縛られることで失う自由が怖かった。何度も何度も、いろいろな角度から考えたが、わがままな答えが覆ることはなかった。

最後の一年、ほんとうに何人もの人に「跡継ぎがいるから安心だ」「真紀がやるしかない」「頼むぞ」と声をかけられた。そういうはなしになるといつも「真紀ちゃんには真紀ちゃんの生き方があるのだから、余計な負担をかけないで」とかばってくれるのが禮子さんだった。禮子さんはわかっていたのだろう。わたしが風来坊だから學校にたどりついたことも、風来坊だからここに留まれないことも。

その禮子さんも、いよいよ弱ってきて進退を考えるようになった頃、ふたりきりの晩に一度だけ言った。

「真紀ちゃんは……このお店をやる気は……ないわよねぇ」

なんて答えようか、一瞬迷った。その一瞬をとらえて禮子さんはすぐに続けた。

「うん。あなたにはあなたの人生があるのだから。ご自分のことをまず考えて」

黙ってこくりと頷くわたしに、いつもの笑顔で言った。

「こんなふうに会えただけで、もう充分。あなたには、ありがとうしかないわ」

いまでもときどき想像する。わたしがあのまま學校を引き継いで、そこに先代のママとして禮子さんが遊びにきて、みんなで変わらずお酒を飲めたら、どんなに楽しいだろう、と。でもそれは選ばなかった未来だ。甘ったるい未練は屁のつっぱりにもならない。

Xデーは、十月みそか

二〇一三年の夏の盛り。清水さんから連絡がきた。ちょうど水曜日で、わたしが學校を開ける日だったので、開店前に新宿で落ち合ってそのはなしを聞いた。

「いま、区役所に禮子さんの生活保護の相談に行ってきた。二か月くらいで支給されるみたいだ」

そうか、ついにその日がきたか、と思った。禮子さんの生活費の心配さえ払拭できれば、學校を続ける必要はなくなる。もはや続ければ続けるほど赤字がかさむ状態なのだ。

靖国通りを見下ろすレストラン。まだ外は明るかったが、清水さんに促されてビールを頼んだ。いつ、どのような形で閉店するか、はなしは一気に具体的になってくる。どういう手順でお客さんに公表するか、閉店前にしておかなければいけないことはなにか。しばらく話し合ううちに六時になった。清水さんを残して、席を立つ。

「さてと。とりあえず今日は今日の學校を、やってきます」

それからひとり蟬時雨の花園神社を抜けて學校に向かった。日暮れ前のゴールデン街、路地はただ白っぽくて音もない。この路地に棲む人にも猫にも会わぬまま店に着く。學校のドアノブに鍵を差し込み、扉を開ける。そしていつものように、左手だけ差し込んで、すばやく電灯のスイッチを押す。なかのゴキブリとお互いに顔を合わせなくて済むくらいの間を置いて、店内に入る。もわっと熱気。冷房のスイッチを入れ、棚からエプロンを取り出して、腰にぎゅっと巻く。水道をしばらく出しっ放しにしてからやかんに汲んで湯を沸かす。軒下の発泡スチロールの箱に届いている氷一貫を冷凍庫に移す。冷蔵庫で冷えている瓶ビールをざっと数える。シンクの下にかがみ込んで、一升瓶の菊正宗と薩摩無双の残量を確認。ボトル用の焼酎とウイスキーもよし。トイレットペーパーもよし。手ふきもよし。

粛々と開店準備をしていく自分を、どこか客観的に見ているもうひとりの自分がいた。こういう作業ももうあと何回かで終わりなのだ。いまだけが生きている時間。いまを味わおう。

その日から閉校へのカウントダウンが始まった。

その後、清水さんが大家さんとはなしをつけて、十月末で閉店することが決まった。最後の二か月、何度も足を運んでくれる人がいた。遠くから飛行機や新幹線で駆けつけてくれる人もいた。禮子さんもなるべくがんばって店に出た。

最後の二か月はちょっとしたお祭りのように過ぎていった。でも學校という狭く薄暗い空間は、人間どもの喜怒哀楽など気にも留めない風情で、淡々といつもの時間を刻んでいたように思う。

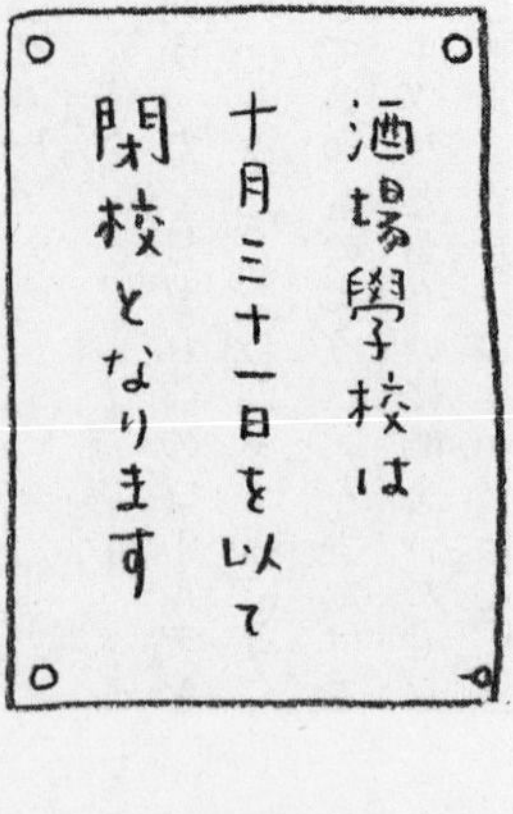
酒場學校は
十月三十一日を以て
閉校となります

はるか彼方のオホーック

九月四日。

最近、関東近郊で竜巻被害が相次いでいる件が話題になる。自宅を竜巻に直撃された人が、テレビの取材に「うちの屋根はどこへ行ったのかわかりません」と話していたらしい。

「風で飛んで行ったのか。かわいそうになぁ」

「よその敷地に落ちちゃったのかなぁ」

「取りに行くのかなぁ」

「どうやって？」

「すいませーん、屋根とらせてくださーいってさ」

「ふはは、野球のボールじゃないんだから」

夜が更けて常連さんばかりになった頃に清水さんが、

「學校を学校法人にできないか」

と言い出す。なんだ、学校法人って。親しい何人かで家賃を出し合って、場を存続させようということらしい。

「及川、どうかな」

と話題を振られた及川さんは「うん、まぁ……」と言ったあとしばらく考えて、こう付け加えた。

「僕は、土地にしがみつくような生き方を是としないから」

遊牧民か。今村さんは、

「先日、僕と同じ昭和十六年生まれの宮崎駿監督が引退宣言をしました。だから僕も引退します」

だって。ふたりとも清水さんの発案を真っ向から否定はしないが、未練に引きずられて學校を存続させてはいけないと思っているようだった。

九月十一日。

「今日はマレンコフの命日だ」

若いくせにジジむさい話題を好む浩平さんが言い出した。そうだった。四年前、禮子さんが「九月十一日、マレンコフが亡くなりました」と貼り紙を書いて學校の扉に鋲で刺したことを思い出す。

マレンコフはゴールデン街名物の流しだった。昔はアコーディオンを弾いていたらしいが、歳をとってからはもっぱらアコースティックギター。あだ名の由来がソ連の政治家マレンコフと聞くだけで、軽く半世紀は界隈に棲息していたことがわかる（そのあだ名を付けたのは、心平さんの時代の學校に毎晩通っていたあの「キンちゃん」だという）。

學校はマレンコフの拠点のひとつだった。棚にはいつも専用の歌本が常備されていた。「マレンコフのギターは下手です」と禮子さんが言うようにギターはけっしてうまくなかったが、数百曲が収録されている歌本の、何ページにどの曲が載っているかを暗記しているのがプロフェッショナルの凄みだった。二曲千円。歌が好きな朋子さんが「蘇州夜曲」を、棟梁が「早春賦」を、声の大きな朗《ろう》さんが「下町の太陽」を注文した。けっきょくは、店にいる客全員で合唱になるのだが。

「マレンコフはひとつの風景でした」

と禮子さん。八十二歳で亡くなったマレンコフ、もし生きていたら、學校の閉店を悲しんだだろうな。

「今日は夏目雅子の命日でもあるんだよ」

と別の誰かが言う。

「あの人は若かった」

「生きてたらどんな女優になっただろうな」

「歳をとってからの仕事も見てみたかったね」

そんな、とりとめのない会話の果てに、禮子さんがちょっとおどけて言った。

「あぁ、惜しまれて死ぬなんて憧れるわ。あたしにとっては、はるか彼方のオホーツク」

ずっと黙って聞いていた清水さんが苦笑いして

「やめてよ、俺、オホーツク出身なんだから」

とつぶやく。

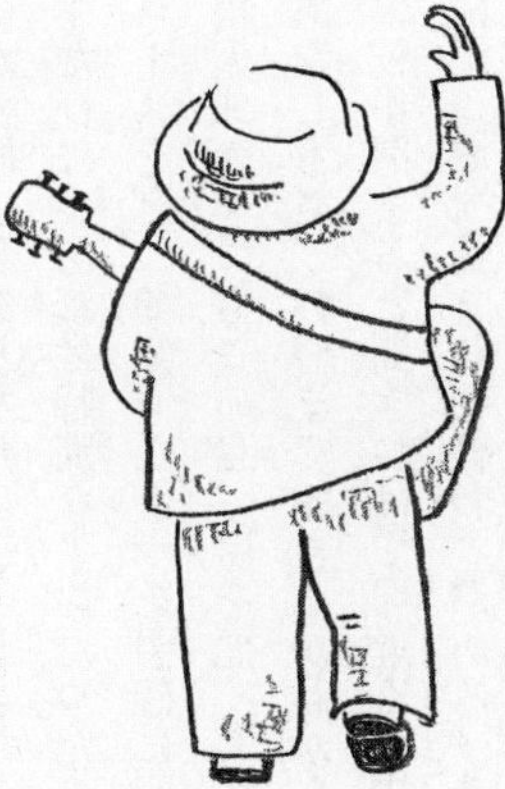

流しのマレンコフ
(1927〜2009)

おれ、マレンコフに『赤いハンカチ』を貸してんだ。2曲で千円なのに、1曲歌ったところで閉店になっちゃってさ。

「じゃ、今度『赤いハンカチ』を歌うから。貸しとくな！」って言って別れたの。

そしたらあいつ、そのまま死んじゃった。あの世で会ったら返してもらうよ。

九月十八日。

近所の店「川太郎」のママが遊びにきてくれる。頑なに年齢を明かさないママだが、一九七〇年の十一月から店をやっているという。一九七〇年十一月と言えば、三島由紀夫が割腹自殺をした月。ひとしきりその話題となる。年上の人と三島の死について話すたびに、あれは特別な事件だったのだと感じる。当時を知る全員が「自分はあのニュースをどこで知ったか」を明確に記憶しているのだ。

川太郎のママもこの夏、腰を悪くしてしばらく店に出ていなかった。

「あたしもさ、いつまでできるかわからないの」

學校が閉まると聞きつけて、近くの店のママやマスターも顔を出してくれる。どの店にだって、始まりと終わりがある。そのあいだを、人と酒が行き交うのみ。

十月十二日。

かつて學校の主要メンバーだった詩人の山本太郎は、法政大学で先生をしていた。すでにその教え子たちが學校の終わりを聞きつけて福島や山口から集結してくれた。すでに五十代の元学生たちだが、当時は學校で繰り広げられる大人たちの風景をわくわくと、こわごわと眺めていたという。

「あるとき太郎さんが興奮してやってきてさ、『俺はいま、反核集会で詩を朗読してきた。いまからここでもう一度やるから、お前ら聞け！』と叫んで、詩を朗々と吟じたことがあったよなぁ」

「あった、あった」

「その一方で、（詩人の）中桐雅夫は『お前ら、軍歌を歌え！』って言うんだよ。俺が嫌だって言ったら、泣きながらビールをぶっかけてきてさぁ。『俺の友だち、何人死んだと思ってるんだ！』って。おっかなかったなぁ」

「そんなこともあったね」

「中桐さんは『ぜったい』っていう言葉を使うとめちゃくちゃ怒るんだよな」

「そうだった！　『ぜったい』が嫌いだったなぁ」

あの世がすでに懐かしい

十月二十八日。

いよいよ最終週に突入。今日からはもう誰のボトルでも構わず、残っているものをじゃんじゃん出すことにする。飲み放題二千円。

ひとり飲みの達人であるやなちゃんが連日やってきて、なにか使命感のようなものをもって、見知らぬ人のボトルを飲み続けてくれた。すでにお酒が飲めない体になってしまった昔のお客さんも、ウーロン茶持参で遊びにきてくれる。なかには學校が終わることを聞きつけて初めて訪れるお客さんもいた。

多くの人が出入りするので、禮子さんは少し疲れているようだった。でも、あと数日経てばもうがんばらなくていいという現実が気持ちを軽くするのか、表情は柔らかい。

いつも軽やかな物言いでみんなを笑わせる林さんが静かに飲んでいる姿に目を留めて

「君はなにを飲んでいるの?」

と話しかける禮子さん。

「焼酎を涙で割って飲んでます。悲しいね」

と笑う林さん。禮子さんも笑って言う。

「そうねぇ。でもあたし脚が悪くなってしまって、もうこんな体じゃあ、恋人が逃げても追いかけられないわ」

「男に追いかけさせればいいんだ」

林さんがまぜっかえすと、禮子さんは晴れ晴れと言った。

「うん、でもいいわ。もう充分、いい男に出会ったから」

遅い時間に、もじゃもじゃがやってきた。ベロンベロンに酔っている。禮子さんが穏やかに言う。

「長いあいだ、お世話になりました」

するともじゃもじゃは駄々っ子のように叫ぶ。

「嫌だね！」

「嫌だって言っても、仕方ないのよ」

「これから！」

「そうね。まだ長生きしましょうね」

「死ぬときは……看取る！　だから！」

相変わらず短い言葉しか使わないけれど、もじゃもじゃの痛切な気持ちが伝わってきて、しんみりする。俺が禮子さんを看取るから、それまで店を続けてくれと珍しく執拗に訴えているのだ。

「うん。でも、もうおしまい」

「そうはいかぬのキンタマ！」

あーあ。いかぬのキンタマかぁ。ふたりの会話を背に聞きながら、グラスを洗う。

夜が更けて、ずいぶん冷えてきた。

十月三十日。

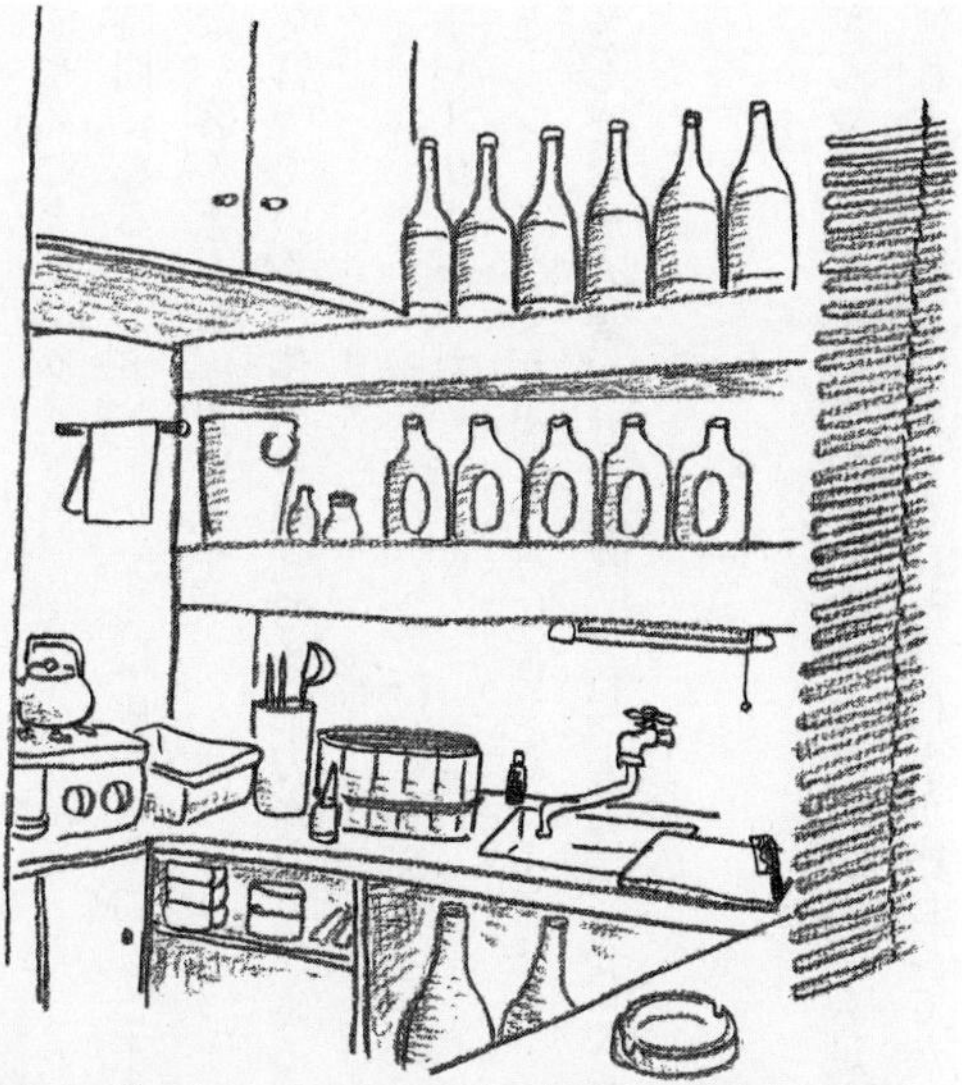

死ぬのが怖い
のは人間だけ?
鮭は、故郷の川
に戻って、産卵
して死ぬとき、
怖いと思うの
かなあ?

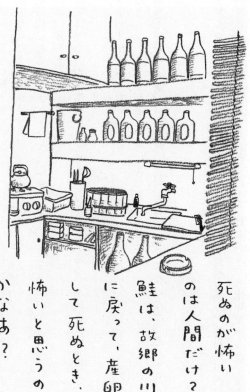

開店前にドン・ノゾミが大量のお寿司を抱えてやってくる。これが我がゴッドファーザーからの最後の贈り物か。と思っていたら、最終日には豪華な花束を持ってきてくれた。やることがニクイ。

開店時間になると、ドン・ノゾミは店の入り口に仁王立ち。

「知らない客がきたら、追い返す」

なんて言っている。体型も顔立ちも迫力がありすぎる。それを見て及川さんが言った。

「セントバーナードみたい」

するとドン・ノゾミが嬉しそうに振り返って答えた。

「及川さんは言葉の選び方が上品だね。ただの犬じゃないんだ、セントバーナードだ」

心平さんや禮子さんや學校のお客さんたちが何度も足を運んだ福島県川内村からも、数人が連れ立って飲みにきてくれた。仕事が終わってから電車を乗り継いできたという。明日も仕事があるから今夜のうちに郡山まで帰らなければいけないと言いながら、慌ただしくもにぎやかに酒を酌み交わす川内の人々。お祭り感が増す。お祭りは、ずっと続かないからお祭りなのだ。

八時半。今村さんが姿を見せる。そうだ、今日は水曜日だった。この人は最後の最後まで水曜日の男、八時半にドアをノックする男であり続けた。

最後の水曜日も、今村さんはほとんどなにもしゃべらず、うつむきがちにビールを飲んでいた。禮子さんが誰にともなく、

「あたし、この店がなくなったらコロリと死にたいわ」

と言ったときだけ、チラリと視線をあげた。そして、しばしの間。今村さんの豊かに垂れたグレーのひげのあいだから、くぐもった声が発せられた。

「失礼だけれども……禮子さんは向こうにも知り合いがたくさんいるわけだから」

「そうなの。あっちがもう懐かしいわねぇ」

あぁ、なんという会話だろう。「向こう」とか「あっち」とか、あの世のことなのである。あの世がすでに懐かしい、とは！　禮子さんがあの世で会いたい人たちのことを、今村さんも知っている。でもそれを具体的には口にせず、ふたりは微笑みをたたえたまま、ほぼ同時にグラスを口に運んだ。

いつものように自分のペースで飲み終えた今村さんは、混んでいる店に長居をしたくないのだろう、のそりと立ち上がる。

「明日で終わりだけど……明日はいらっしゃらないわね」

「うん。僕は水曜日だけ」

そして、大げさな挨拶はなにもせず、いつものように帰って行った。


入れ違いに、文化人類学の西江先生がやってくる。スーパーのレジ袋にグンゼのパンツを二枚入れ、それだけ提げてケニアでもパプアニューギニアでも出かけていく奇妙な先生。七十を過ぎているのに体力が異常にあり、マサイ人から「もっとゆっくり歩いてください」と懇願されたという逸話をもつ。数年前、飲み終えて帰り際の西江先生が禮子さんを軽くハグしたら、禮子さんが背骨を痛めてしまったという事件もあった。

ビールを出しながら「なにか召し上がりますか」と問うと、真顔でわたしを見返し、

「あなたの背中の肉を……」

なんて言う。

「おっぱいとおっしゃらないところが、奥ゆかしいですね」

と切り返すと、横から禮子さんが即座に重ねて言う。

「もうおっぱいは食べ飽きてんの」


遅くまで残っていた常連さんたちも帰り、禮子さんとふたり、ざっと片付けをする。いよいよ明日が最終日。禮子さんは「泣かないわよ。だって楽しかったもん」と言う。

「でも一回だけ、夢で泣いたの。もうあの人に会えないんだなーと思って」

「……誰だろ」

「あんまりみんなに好かれてない人」

ひねくれ者の阿部さんかなぁ。と思ったけど、それ以上聞かなかった。阿部さんは仕事で海外にでも行っているのか、それとも体のどこかに不具合でも出ているのか、何か月も姿を見せていなかった。

阿部さんのほかにも、閉店前に会えずじまいで終わったお客さんは何人もいた。店の灯りが消え、人の縁も静かに闇に溶けていく。

今夜も、新宿の空は濁った灰色

十月三十一日。

最終日の最初のお客さんは、滝田さんだった。大学の少林寺拳法部の総監督をつとめる滝田さんは、マッチョな「俺は男だ」タイプ。だけどどこか憎めない。おとなしくて美しい妻を従えて飲みにきて、みんなの前でわざと威張ってみせたりする。そして酔うとしょっちゅう禮子さんと喧嘩になる。「こんな店、二度とこない！」と怒って帰る。なのに一週間くらいすると、またニコニコとやってくる。その滝田さんが、早い時間にやってきて軽く二杯くらい飲み、帰っていった。帰り際にニヤリとして言った。

「こんな店、二度とこない！」

あぁ、このセリフも聞き納め。しんみりするわたしの横で、禮子さんは威勢よく言い返している。

「地獄で会おう！」

それからあとは、次から次にお客さんがやってきた。座れない人はカウンターの後ろに立ち、入り切れない人は店の外の路地で、最後の晩の風情を味わっていた。

午後十時をまわって宴たけなわ、禮子さんが「カスバの女」を歌い始めた。「もう最近は、ほとんどのことを忘れてしまうの」と言う禮子さんだが、何十年もくちずさんできた歌の歌詞はすらすらと出る。

涙じゃないのよ　浮気な雨に
ちょっぴりこの頬　濡らしただけさ
ここは地の果て　アルジェリア
どうせカスバの　夜に咲く
酒場の女の　うす情け

禮子さんの低く細い歌声が、雑々とした店内に染みわたる。開校から五十三年。禮子さんは「カスバの女」を何百回歌ったのだろう。

続いて歌が大好きな棟梁と朗さんが、ふたりで「月の砂漠」と「昨日生まれたブタの子が」の三番を歌った。これは高峰三枝子が歌った「湖畔の宿」を、戦時中の子どもたちが替え歌にしたものだという。

昨日生まれたタコの子が
弾に当たって名誉の戦死
タコの遺骨はいつ帰る
骨がないから帰れない
タコの母さん悲しかろ

「真紀ちゃんもなにか歌え」と言われて、禮子さんとふたりで「浜辺の歌」を歌った。歌い出すと、みんなで合唱になる。

あした浜辺を　さまよえば
昔のことぞ　忍ばるる
風の音よ　雲のさまよ
寄する波も　貝の色も

ゆうべ浜辺を　もとおれば
昔の人ぞ　忍ばるる
寄する波よ　返す波よ
月の色も　星のかげも

あぁ、ぜんぶ昔になっていく。歌い終わって、學校最終日の闇はまたいちだんと濃くなった。

十一時過ぎに、サラさんがやってきた。かつて筑摩書房で古田さんの薫陶を受け、長く心平さんの担当編集をしていた人。川内村にある草野心平記念館の館長も務めていた。禮子さんよりわずかに年下だが、禮子さんを「レイちゃん」と呼ぶ。

白髪の華奢な体つきながら、白い眉毛がいつもピンと立っているサラさん。酒場で嫌なやつを殴ったら手の骨を折ったとか、また別の日に気に障るやつを足で蹴りつけてやったら今度は足を骨折したとか、喧嘩がおそろしく弱いくせに武勇伝がすごい。グラスにビールを注ごうとする周囲を制して言った。

「今日は車だから飲めません」

サラさんは飲みにきたのではなく、「酒場學校」の看板を取りに来てくれたのだった。學校の看板は、サラさんの車で心平さんが愛した川内村へ運ばれることになっていた。ゴールデン街で十八年間ともった看板の灯が落とされるとき、禮子さんはそのふちをちょっと触って、「長いあいだ、ありがとう」と小さく言った。看板は古い毛布にくるまれてサラさんの車のトランクに積まれ、新宿を去って行った。

夜は更けて、日付が十一月一日に変わった。宴は尽きようとしていた。ひとり去り、ふたり去りしていく常連さんを見送りながら、清水さんがつぶやいた。

「今夜は朝まで飲むと覚悟してきたが、もうみんなそんなに飲めなくなっているんだな。それも含めて學校の時代は終わりなんだな」

大掃除はまた後日するとして、簡単に片付け始める。氷が一貫まるまる余ってしまったので、蛾王で使ってもらうことにする。氷を提げて、ひとすじ隣りの路地へ行き、蛾王の扉を開ける。カウンターのなかから栄子さんが

「あぁ、真紀ちゃん」

とほほ笑んだ。

「お疲れさま」

それ以上、なにも言わない。

禮子さんに出会わなかったら、自身が店を開くことはなかったと言う栄子さん。禮子さんはいつも「あたしが死んだら、栄子くんに相談してね」と言う。わたしもこの半年間、揺れ動く気持ちを栄子さんに何度も受け止めてもらった。

その栄子さんの顔を見て、あぁ、この数日間を同じ思いで過ごしてくれたんだな、とわかった。學校のお客さんの多くは、蛾王をハシゴする。だから栄子さんは営業最終週のあわただしい動きをほぼすべて把握していたに違いない。そして蛾王のカウンターのなかから、學校の終わりを見守っていてくれたのだろう。

蛾王を辞して、また學校へ戻る。小さな路地を曲がって一歩、二歩、三歩……。それでも「酒場學校」の看板は見えてこない。

あ、そうか。もう看板は運び出してしまったのだった。そのとき初めて実感した。

あぁ、もうここに學校はない。

そこにあるのは、ただの薄汚れた陋屋《ろうおく》だった。景色が涙でにじんだ。早く戻って片付けの続きをしなきゃと思いながら、しばらくその場所に立っていた。

ふいに學校の扉が開いて、千鳥足のもじゃもじゃが出てきた。ヨタヨタと近づいてきて、言った。

「空は……何色?」

「え?」

聞き返すわたしを残して、またヨタヨタと學校のなかに戻って行った。

なんだ、いまのは? この暗がりで、わたしの表情が見えているはずはなかった。なのにもじゃもじゃは、涙がこぼれないように上を向け、とでも言うつもりだったのだろうか。最後まで断片的なもじゃもじゃ語だった。

見上げた新宿の夜空は、濁った灰色。

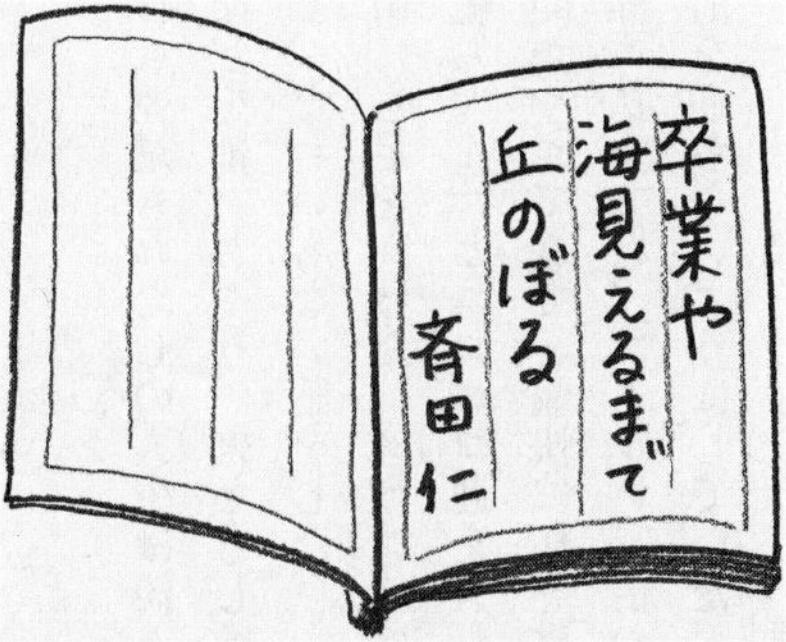
卒業や
海見えるまで
丘のぼる
斉田仁

文庫版あとがき

酒場學校がなくなった翌日も翌週もわたしの人生は淡々と続いた。昼間はテレビ番組の構成作家、書籍の編集などを細々とやり、火ともし頃になればビールを飲んだ。ときどき禮子さんに電話して、たわいもない話をした。

しばしば新宿ゴールデン街にも足を向けた。メガンテに行けば純子さんが、蛾王に行けば栄子さんが「あら真紀ちゃん」とニコニコ迎え入れてくれる。その二軒で飲んでいれば誰かしら見知った顔がやってきて、愉快に杯を重ねることができた。あぁ、だけど。わたしはどんなに酔っ払っても、ゴールデン街の入り組んだ小道を歩くとき、かつて學校があった場所の前を通らないようにしていた。そこに別の店があるのを見たらきっと悲しくなるもん。そういえば子どもの頃も、仲良しの友だちが引っ越ししてしまったあとにその子が住んでいた家の前を通るのを避けていたっけ。

そんなふうに「卒業後」の日々は過ぎていった。表面上、わたしの日常はほとんどなにも変わらなかった。でもじつはひとつだけ大きな変化があった。わたしは密かに、ある野心を抱くようになったのだ。

——學校で過ごした五年間に見聞きしたことを本にして残したい。

ずーっとぼんやり生きてきたわたしにとって、それは三十九歳にして初めて得た具体的な夢だった。本一冊分の原稿が書けるかどうかわからない。それがおもしろいかどうかはさらに未知数。自分を信じたり信じきれなかったり、しばらく放置してまた気合を入れ直したり、だらだらと一年くらいかけて書いた。誰に発注されたわけでも締め切りがあるわけでもない文章を書いた日々の、心細さと高揚感をいまもずっと抱きしめている。

書き上げた原稿を最初に読んでもらった相手は、ドリアン助川さんだった。いきなり図々しい。だけどドリアンさんはすぐにこう言ってくれたのだ。「あなたの未来は明るい」って、予言者みたいに。「お金を儲けることなんか考えずに文章を書いたらいい。どうせ五十年くらい経ったら、真紀ちゃんは言葉とユーモアの森に帰るんだから。もともとそこからやってきて、この世に少しだけいて、また帰るんだからさ」。すごいことを言う。

學校閉店から二年目の冬、『酒場學校の日々』は本になった。四谷三丁目の禮子さんのアパートに本を届けたのは寒い夜だった。

「あぁ、ほんとに嬉しいわ」

「禮子さんありがとう。わたしも嬉しい」

「ねぇ、嬉しいわね」

「うん、嬉しい」

できたてホヤホヤの本を前に、ふたりで何度も嬉しい嬉しいと言い合った。だけど禮子さんは認知症が進んで、あんなに好きだった本や新聞がほとんど読めなくなっていた。わたしが原稿をもっと早く書いていればと、それがほんとうに悔やまれた。その後、禮子さんは施設に移り、二〇一八年の秋に亡くなった。

禮子さんのお葬式の日は気持ちのいい晴天だった。ご親族が数名、それに蛾王の栄子さんと清水さんを筆頭に、今村さん、もじゃもじゃ、ドン・ノゾミ、及川さんらお馴染みのメンバーが集結した。みんなが「禮子さん、あの世で待っている人たちとやっと会えるね」と口々に言い、朗らかな見送りとなった。

禮子さんのわずかな遺品の中に『酒場學校の日々』があった。

「真紀、この本、棺に入れていいか」

と清水さんが言った。なんて晴れがましいことだろう。わたしは禮子さんが最後まで大事にもっていてくれた『酒場學校の日々』をそっと棺に入れ……ようとして何気なく表紙をめくった。

「あれ！」

本の見返しに、禮子さんの端正な字でこう書きつけてあった。

ほんとに〱有難う　れいこ

はー、最後までおしゃれなことをするなぁ、禮子さんは。わたしは泣きながら笑いながら、人生を締めくくるそのメッセージを目に焼き付けた。禮子さんはたぶん、ゆっくり時間をかけて本を全部読んでくれたんじゃないかとなんとなくそう思っている。

酒場學校がなくなってもうすぐ十年。禮子さんだけではなく、本書に登場する幾人かがあちらに行った。メガンテももうない。ずっとひとり者だった清水さんは、いまは妻と猫と暮らしている。

そしてわたし自身も思いがけない十年後を生きている。まさか本を書く仕事をしているなんて。學校の本がちくま文庫になるなんて。あちらにいる心平さんと古田さん、そして禮子さんはこの展開をニコニコしながら見ているだろうか。ドリアン助川さんの「あなたの未来は明るい」の予言は、いまのところ当たっている。たぶん付け足して言ってくれた「どうせいつかは森に帰るんだから」の言葉の効力だと思う。

森に帰る日まで、もう少しこの世で遊んでいこう。

二〇二三年、春の雨が止んだ午後

金井真紀

禮子さんと著者。背後の写真に古田さんと心平さん（撮影・西巻裕）

解説　新宿ゴールデン街の月

ドリアン助川

読者のみなさん、これは文庫本解説の場を借りた金井真紀さんへのファンレターのようなものなので、ここから先は読まないでください。恥ずかしいので、できれば真紀さんご本人にもご遠慮いただきたい。

さて。

真紀さんが「學校」で働き始めた頃、ボクは道化師の恰好をして、歌ったり、語ったりしていた。自作の詩以外に、草野心平さんの蛙の詩をよく朗読した。真紀さんが本書冒頭で紹介している「ぱっぷくどん」も「ぱっぷく。ぱっぷく。」と腹を突き出して読んだが、毎回演じたのは「るるる葬送」だった。ドビュッシーの「月の光」を流し、そこに心平さんの言葉をそっと置いていくのだ。昇天したるるるを見送るため、ひたいに青い蛍をともした万の蛙たちが無言で進んでいく透明な大スペクタクル。「かたむく天に。鉤の月。」で詩は終わっている。いや、虚空に向かって開いている。

月の光を浴びた音符たちが、祈りと再生のオタマジャクシとしてそこに降ってくるのだ。

新宿の小さなライブハウスで公演をした際、友人が「卒論で草野心平さんを書いた人がいるのよ」と真紀さんを連れてきてくれた。終演後、ボクは初めて「學校」に寄り、真紀さんと話した。カウンターのなかには禮子さんがいらっしゃって、一見《いちげん》のボクにも微笑んでくださった。禮子さんはどこかに眠っている微かな毒をその何万倍もの柔らかさで包んでいる金鳳花《きんぽうげ》のような女性で、言葉遣いにも佇まいにも、とびきりの品格が感じられた。ボクはメイクのあとがうっすら残る顔で小さくなって飲んでいたような気がする。

真紀さんはボクの公演の内容を振り返り、「ひどいんですよ、この人」と隣のお客さんにつぶやいた。ボクが心平さんの商売の下手さ加減を笑いのタネにしたと言うのだ。

それは勘違いというもので、貧困に追い詰められながらもカラッと明るい酒を飲み、くすぶる創作家たちを励まし、小さな蛙と視線を重ね続けた詩人、草野心平さんは憧れ以外のなにものでもない。だからこそ、心平さんの随筆集や居酒屋の名であり、ボクも当時まさにその状況であった「火の車」という言葉が落としどころになった。自虐ネタを含め、お客さんの笑いにもつながったのである。

ただ、ボクはなぜか真紀さんが発した「ひどいんですよ」が心地よかった。禮子さんはもちろんのこと、心平さんを敬慕する人たちがここにいる。ここで飲んでいる。ここで詩や酒や蛙の話をしている。その実感が、カウンターのスツールにボクのお尻を張りつかせてしまったのだ。

台風が関東をかすめた夜、ボクは再び「學校」を訪れた。強い雨風が新宿を洗っていた。カウンターのなかには真紀さんしかおらず、嵐で興奮したもじゃもじゃが、「あめ！　わははは」「かぜ！　わははは」と店を出たり入ったりしていた。

ボクはこの夜初めて、真紀さんとじっくり話をした。本書にもちりばめられている真紀さんのウイットとユーモアを宝石の豪雨のごとく浴び続けたのだ。「見つけた」とボクは全身で思った。「お会いした」でも「知り合った」でもなく、見つけたのだ。

それは、真紀さんが新聞記事で「學校」の存在を知ったとき、あるいは禮子さんが心平さんの記事をきっかけに「安保反対、本日開店」のお店まで行ってしまった、その逸話の根幹にあるものと極めて近い「見つけた」なのではないかと思う。

生涯、この人の言葉を聞こう、この人の書いたものを読もう、この人の絵を観ようと思った。しかしそれは同時に、ボクだけの特異な感慨ではないであろうこともわかった。いつか自分の本を出せたらいいなと語る真紀さんに、だからボクは自信たっぷりにこう言った。「あなたはたくさんの人から愛される国民的な物書きになりますよ。いや、世界的かな。このまま、書くことと描くことを続けていればいいだけです」と。

この夜のことは忘れない。風の音が聞こえなくなった頃、ボクは真紀さんと再会を約束し、スツールに張りついていたお尻を引き上げた。扉を開け、一歩踏み出し、「あーっ!」と感嘆符になった。

嵐は一掃されていた。空には眩しいほどの満月があった。新宿ゴールデン街のなにもかもに、青白い月の光が届いていた。真紀さんも「學校」から出てきて、路面でともに月の光のなかに溶けた。あのとき、ボクのなかで新宿ゴールデン街は一新されたのだった。

学生の頃、ボクはある店でアルバイトをしていた。ほとんど、ゴールデン街に住んでいるようなものだった。ヤーさまとのもめごとがあった。泥棒がいた。口論があった。失恋して泣いた。安田講堂に立てこもった闘士の晩年があった。卒業謝恩会をある店で開いたら、酔った店主が一升瓶で教授の頭を殴った。それで謝恩会の宴会費はただになった。殴られた教授はそのまま飲み続けたが、店で働いていた店主の姪っ子は「ただはないだろう」と泣き崩れた。悲哀と猥雑さを鍋で煮こんだような新宿ゴールデン街の記憶が、月の光によって一頁めくられた。現れ出たのは、本を書きたいと願う真紀さんの瞳だった。

ここ数年の真紀さんの活躍ぶりは説明するまでもないだろう。旅人として世界中を歩き回り、国境も人種も超えて人々と向き合い、「人間」を描き続けている。

本書だけではなく、真紀さんが著したあらゆる作品を通じてファンが激増中である。それはだれもが、「見つけた」と思うからだ。真紀さんが文字と絵に託す月の光がだれの心にも届くからだ。

禮子さんは、懐かしくなっていたあの世に旅立たれた。もじゃもじゃは今でも「わははは」と飲んでいるが、昼間に見かけて話しかけると、「どちらさまですか？」とキョトンとした顔になる。「學校」はもうないが、それぞれが長い放課後を彷徨し、創作を続けている。

本書は二〇一五年一二月に皓星社より刊行されました。
カバー・本文イラスト　金井真紀

ちくま文庫

酒場《さかば》學校《がっこう》の日々《ひび》
フムフム・グビグビ・たまに文學《ぶんがく》

二〇二三年四月十日　第一刷発行

著　者　金井真紀（かない・まき）

発行者　喜入冬子
発行所　株式会社　筑摩書房
東京都台東区蔵前二―五―三　〒一一一―八七五五
電話番号　〇三―五六八七―二六〇一（代表）
装幀者　安野光雅
印刷所　星野精版印刷株式会社
製本所　株式会社積信堂

ISBN978-4-480-43872-0 C0195